CÓMO MONETIZAR TU PASIÓN

Descubre Cómo Ganar Dinero Haciendo lo que más te Gusta en la Vida

FREDERICK GREENE

© **Copyright 2022 – Frederick Greene - Todos los derechos reservados.**

Este documento está orientado a proporcionar información exacta y confiable con respecto al tema tratado. La publicación se vende con la idea de que el editor no tiene la obligación de prestar servicios oficialmente autorizados o de otro modo calificados. Si es necesario un consejo legal o profesional, se debe consultar con un individuo practicado en la profesión.

- Tomado de una Declaración de Principios que fue aceptada y aprobada por unanimidad por un Comité del Colegio de Abogados de Estados Unidos y un Comité de Editores y Asociaciones.

De ninguna manera es legal reproducir, duplicar o transmitir cualquier parte de este documento en forma electrónica o impresa. La grabación de esta publicación está estrictamente prohibida y no se permite el almacenamiento de este documento a menos que cuente con el permiso por escrito del editor. Todos los derechos reservados.

La información provista en este documento es considerada veraz y coherente, en el sentido de que cualquier responsabilidad, en términos de falta de atención o de otro tipo, por el uso o abuso de cualquier política, proceso o dirección contenida en el mismo, es responsabilidad absoluta y exclusiva del lector receptor. Bajo ninguna circunstancia se responsabilizará legalmente al editor por cualquier reparación, daño o pérdida monetaria como consecuencia de la información contenida en este documento, ya sea directa o indirectamente.

Los autores respectivos poseen todos los derechos de autor que no pertenecen al editor.

La información contenida en este documento se ofrece únicamente con fines informativos, y es universal como tal. La presentación de la información se realiza sin contrato y sin ningún tipo de garantía endosada.

El uso de marcas comerciales en este documento carece de consentimiento, y la publicación de la marca comercial no tiene ni el permiso ni el respaldo del propietario de la misma. Todas las marcas comerciales dentro de este libro se usan solo para fines de aclaración y pertenecen a sus propietarios, quienes no están relacionados con este documento.

Índice

Introducción	vii
1. La Mentalidad Del Cambio De Juego	1
2. Descubre Tu Pasión	5
3. Desarrolla Tu Pasión	13
4. Construye Una Marca Alrededor De Tu Pasión	21
5. Dar Valor	29
6. Para De Poner Excusas	35
7. Pasión Por El Producto	41
8. Pasión Por Las Ganancias	47
9. Creencias Limitantes Que Impiden A La Mayoría De Las Personas Monetizar Su Pasión	55
10. La Estrategia Ganadora	71
11. El Sistema De Libertad Total	83
12. Consejos Para Vivir De Tu Pasión	95
13. ¿Cómo Creer En Ti Mismo?	113
14. Casos De Éxito	123
15. Vive Con Pasión, No Solo De Tu Pasión	145
Conclusión	161

Introducción

Estás sosteniendo un arma peligrosa, peligrosa porque te muestra cómo liberarte. Peligroso porque es el manual que te saca de la cárcel y te lleva a tu propia vida, una vida de libertad en la que haces lo que quieres, cuando quieres, donde quieres.

Todo mientras te ganas bien la vida desde donde estés. Esto no es una exageración. Es la verdad. Si está trabajando para alguien, es posible que él o ella no quiera verte leyendo este libro.

¿Por qué?

Porque este libro es un manual sobre cómo dejar de sobrevivir y avanzar hacia la prosperidad.

He visto al alcalde, el autor de este increíble libro de "salir de la cárcel libre", pasar de su prisión a la libertad que ahora experimenta hoy.

Introducción

Alguna vez fue un investigador y creador de contenido en apuros. Realizó un hermoso trabajo de investigación para estudiantes universitarios. Fue un talentoso creador de contenido y diseñador gráfico. Él todavía lo es. Pero estaba hambriento e infeliz, trabajaba para varios negocios, quería la libertad.

Quería nombrar sus términos en su propia vida.

Lo vi aprender sobre desarrollo empresarial y marketing en Internet, hacerse un hueco, crear sus productos e iniciar varios negocios en unos pocos años.

Ahora es dueño de su propio negocio rentable, sus productos, su ingreso residual continuo y más. Todavía hace diseños gráficos y crea contenido a veces, pero solo cuando lo desea.

Puedes hacer esto también. La fórmula está aquí. Las ideas, consejos, técnicas, inspiración e información están aquí. Todo lo que tienes que hacer es leer este libro y aplicar lo que te enseña.

Puede ser peligroso para tu jefe, pero también puede ser el mapa de ruta hacia la prosperidad. Lee, actúa y próspera.

Este libro te proporcionará las herramientas que necesitas para iniciar un negocio rentable haciendo lo que te gusta.

¿Cuál es la definición de un negocio rentable? En el contexto de este libro, un negocio rentable es un sistema de negocios que se puede administrar desde tu casa o en cualquier otro lugar.

Está casi completamente automatizado. Eliges un nicho, estableces una audiencia, construyes relaciones y resuelves problemas. Luego le presentas a tu audiencia la solución.

La mayoría de la gente gana dinero trabajando. Trabajan y reciben una compensación por trabajar una y otra vez. Según este libro, un negocio rentable genera ingresos pasivos.

Trabajas una vez y te pagan varias veces.

Muchas personas me preguntaron cómo pasé de estar arruinado y sin idea a ser dueño de un negocio rentable.

Al principio no tenía idea.

El trabajo con los clientes y el asesoramiento en línea finalmente condujo al desarrollo de una técnica que cualquier persona puede replicar y utilizar para construir un negocio rentable haciendo lo que amas, desde cualquier lugar.

Este libro te enseñará cómo usar esa técnica para reconocer y encontrar el valor de tus pasiones, así como también cómo empaquetarlas y comercializarlas. Descubrirás cómo saber quién es tu público objetivo. Todo problema es un producto, como verás en este libro.

Introducción

El truco es identificar un problema que muchas personas están experimentando, resolverlo y luego venderles la solución.

Luego, dirige automáticamente a aquellos que están experimentando este problema a tu solución.

Mientras duermes, nadas, juegas con tus hijos o trabajas en tu novela… El objetivo es que vivas tu vida como quieras, y el dinero llegará solo. Luego repite hasta que tu ingreso pasivo te permita vivir la vida de tus sueños.

Independientemente de cómo definas el término "RICO", este libro puede ayudarte a volverte rico. El dinero, la libertad y las posibilidades son abundantes. Este libro proporciona la información, depende de ti decidir cómo aplicarlo.

Esta es una guía de "cómo hacerlo". Te muestra cómo iniciar tu propio negocio rentable simplemente haciendo lo que disfrutas. Descubrirás cómo atraer a un gran número de compradores interesados y receptivos. Descubrirás cómo comunicarte con tu público objetivo. Descubrirás cómo convertir tu pasión en productos que puedes vender a tu público objetivo. Descubrirás cómo automatizar tu negocio para que puedas pasar tu tiempo haciendo cosas que disfrutas mientras tu negocio sigue inyectando dinero en tu cuenta.

Si lees este libro y sigues las recomendaciones que contiene, es muy probable que puedas utilizar la información que contiene para iniciar un negocio rentable haciendo algo que disfrutes.

Debes comprender que no necesitas dejar de hacer lo que estás haciendo para comenzar tu propio negocio rentable.

Si puedes encontrar una hora o dos al día y un teléfono inteligente con conexión a Internet, tienes todo lo que necesitas para tener éxito, ya sea que estés trabajando, administrando un negocio o administrando una casa.

Imagínate libre de hacer trabajos que no disfrutas. Imagina un libro que pueda mostrarte cómo ganar dinero sin esfuerzo y fácilmente, para que puedas tener una vida basada en el amor, la diversión y la libertad.

Este es ese libro. ¡A disfrutar!

1

La Mentalidad Del Cambio De Juego

UNA PREGUNTA que me hago a menudo es "¿por qué no nos enseñan cómo hacer dinero en la escuela?"

En mi búsqueda de respuestas sobre por qué no se nos enseña cómo hacer dinero en las escuelas, me di cuenta de que vamos a la escuela, particularmente en África, para recibir una educación que nos permita conseguir un buen trabajo y tener cierta seguridad financiera para el futuro o cobrar relevancia en nuestra sociedad.

Esta revelación ha llevado a la pregunta: "¿Todo lo que he mencionado anteriormente lo hace a uno RICO?" Me refiero a los buenos trabajos, la seguridad financiera o la relevancia en la sociedad, ¿es esto lo que hace que una persona sea rica?

. . .

Si la respuesta es no, ¿qué hace rica a una persona?

No me malinterpreten, ir a la escuela no es nada malo, la educación es buena. Veo la educación como una inspiración para aprender, así que necesitas educación, pero lo que digo es que ir a la escuela solo porque tú quieres conseguir un trabajo o volverte relevante en la sociedad es una mentalidad muy equivocada.

Volviendo a nuestro tema... Muchas personas tienen la mentalidad de empleado, lo que significa que incluso si son dueños de su propio negocio o se les da una oportunidad financieramente gratificante, su mentalidad de empleado los limitará.

Si quieres ser rico, debes tener una mentalidad rica.

¿Sabías que la bombilla eléctrica no fue inventada por Thomas Edison? ¡NO! No la inventó, pero la perfeccionó. Entonces, ¿por qué se le atribuye a este señor la invención de la bombilla, aunque no lo hizo?

Se inventaron otras bombillas antes de la de él, pero no eran prácticas. Las primeras bombillas no duraron lo suficiente.

. . .

Además, los otros innovadores no pudieron explicar cómo la bombilla podría tener algún uso comercial.

En otras palabras, los innovadores no tenían idea de cómo sacar provecho de sus inventos, mientras que este científico sí. De la misma manera, muchas personas tienen muy vendible la pasión, pero no ganan dinero con eso porque no saben cómo.

Fue el sentido comercial de este señor lo que hizo que muchos de sus inventos fueran tan útiles para millones de personas en todo el mundo. Él abandonó la escuela porque sus maestros pensaron que no era lo suficientemente inteligente para tener éxito. De niño, trabajaba en los trenes vendiendo dulces y revistas. Allí descubrió su pasión por las ventas. Poco después, comenzó a imprimir su periódico en el tren y empleó a un equipo de niños para vender no solo sus dulces sino también su periódico. En aproximadamente un año, pasó de ser empleado a propietario de un negocio y contrató a una docena más de niños.

Él pronto se aburrió de su negocio en el tren y comenzó a aprender el código morse para encontrar trabajo como operador de telégrafo. Rápidamente ascendió hasta convertirse en uno de los mejores operadores de telégrafos del país y usó sus habilidades como operador de telégrafos para viajar de ciudad en ciudad. Lo que aprendió como joven empresario y operador de telégrafo le dio la ventaja competitiva como empresario y desarrollador de la bombilla.

Uno puede preguntarse cómo convertirse en operador de telégrafo lo ayuda a convertirse en un mejor hombre de negocios. ¿Qué tiene que ver la historia de este señor conmigo, con mi pasión o con lo que hago?

Verás, él fue más que un inventor. Comenzó su propio negocio cuando era joven. Su experiencia previa como empresario y telegrafista lo hizo famoso por la luz bulbo. Como operador de telégrafo, se dio cuenta de que el inventor del éxito del telégrafo se debía a que era un sistema comercial. Líneas, postes, empleados calificados y estaciones repetidoras conforman el sistema que reconoció el potencial de un sistema cuando era joven. Lo que lo hizo rico y famoso, fue que podía ver el panorama general mientras que otras personas solo veían la bombilla.

¿Qué crees que puede salir de eso que te encanta hacer, de esa pasión tuya? A medida que leas este libro, quiero que veas el panorama general. Mírate a ti mismo ganando millones de dólares con las ganancias de tu pasión. En los siguientes capítulos, te mostraré cómo descubrir, desarrollar y convertir tu pasión en un negocio rentable.

2

Descubre Tu Pasión

La pasión es algo que te interesa mucho y disfrutas haciéndolo. De nuestra definición de pasión, hay dos palabras subrayadas 'muy interesado' y 'disfrutar haciendo', para que algo se llame tu pasión necesitas tener un fuerte interés en esa cosa y debes disfrutar haciéndola.

Muchas personas están interesadas en muchas cosas y disfrutan haciendo muchas cosas, pero aún no saben cuáles son sus pasiones.

Tengo una amiga que disfruta cuidando niños, ella siempre está interesada en cuidar niños donde quiera que se encuentre, le apasiona tanto que ha dominado cada acto de cuidar a un niño. Cada vez que llega a un lugar y ve a un niño llorando, sabe exactamente qué hacer para que el niño deje de llorar.

. . .

Hubo un tiempo en que fuimos a un evento juntos y cuando llegamos allí, vimos a un bebé llorando mucho, todos, incluida la madre, intentaron calmar al bebé, pero el bebé no dejaba de llorar, en cambio, el llanto empeoraba, incluso la madre estaba exhausta de tratar de calmar al bebé y hacer que dejara de llorar.

Inmediatamente llegamos al pasillo, mi amiga fue directo hacia la madre del bebé llorando, le habló unos segundos, cargó al bebé de su madre, le quitó la ropa al bebé, lo colocó en su hombro y comenzó a cantar y caminar de un extremo al otro. En poco tiempo el bebé dejó de llorar y antes de que nadie pudiera decir algo, el bebé ya estaba dormido. Mientras mi amiga hacía todo eso ese día, observé la pasión, la energía y el amor que dio para que el bebé dejara de llorar y se durmiera.

¿Por qué estoy contando esta historia?

Recientemente, estábamos tratando de intercambiar ideas sobre un negocio que ella comenzaría, y le sugerí que debería comenzar un negocio en torno a su pasión, para mi sorpresa, dijo: "No tengo ninguna pasión".

Me sorprendió porque he visto lo apasionada que es por cuidar a los niños de otras personas, incluso le dije que le apasiona cuidar a los niños, pero argumentó que no era su pasión, que era algo que ella simplemente hacía.

Al igual que mi amiga, hay muchos leyendo este libro que no conocen su pasión, algunos no están seguros si lo que disfrutan hacer es su pasión.

En este capítulo, he discutido algunas formas en las que puedes descubrir la tuya:

1: Lluvia de ideas sobre actividades que encuentres satisfactorias y significativas

Tómate unos momentos para pensar y escribir todas las cosas habituales que ya haces. Esto podría incluir pasatiempos, actividades laborales o cualquier cosa que te haga feliz.

Presta mucha atención a las cosas que te hacen perder la noción del tiempo, ya que esto suele indicar que te la estás pasando bien.

Pregunta a tus amigos y familiares sobre los temas de los que hablas con frecuencia. Si mencionas algunas actividades repetidamente, simplemente implica que tienes un gran interés en ese tema.

. . .

Ten en cuenta el aspecto de tu trabajo que también disfrutas.

Si te gusta capacitar al personal nuevo, tu pasión puede ser educar o trabajar con otros.

Si estás buscando tu pasión en tu trabajo, considera las tareas diarias que te ofrecen el mayor placer, como dar una presentación o capacitar a un nuevo empleado.

Considera los trabajos que has disfrutado y los que más te han disgustado para que puedas determinar qué carreras seguir y cuáles evitar.

#2: Escribe los valores que son importantes para ti

Los valores son las ideas esenciales que te hacen feliz en la vida y se vuelven parte de tu carácter. Encontrar algo que se alinee con tus principios te hará más feliz y más satisfecho cuando se trata de descubrir tu pasión.

Haz una lista de todas las cosas importantes en tu vida para que puedas encontrar actividades, pasatiempos o carreras que coincidan con tus valores. La lealtad, la creatividad, la compasión, la familia y la confiabilidad son algunos ejemplos de cosas que puedes valorar.

Si tienes dificultades para definir tus valores, haz una lista de las personas que admiras y considera sus valores. Por ejemplo, puedes admirar la capacidad de escuchar de tu pareja o la honestidad de tu amigo.

Si estás buscando una carrera que te apasione, piensa en los problemas que te gustaría resolver y aquellos a los que más te gustaría ayudar.

#3: Considera tu talento

Podría ser una señal de que realmente te apasiona algo si tienes talento natural para ello o has trabajado duro para dominarlo. Considera tus habilidades en áreas como fotografía, hablar en público, cantar o tocar un instrumento.

Presta atención cuando los demás te elogien por algo, incluso si no crees que sea bueno. Puede que no te des cuenta, pero estás aún más dotado de lo que crees.

Es importante recordar que no es necesario ser bueno en algo para sentir entusiasmo por ello. Por ejemplo, aunque no marques goles, puedes disfrutar jugando al fútbol. Mientras disfrutes haciendo la actividad, aún puedes sentir pasión por ella.

4: Reavivar una pasión infantil

A medida que envejeces, puedes llegar a creer que tus aspiraciones juveniles o tus sueños de la infancia eran irracionales y abandonas esas actividades.

Considera las actividades que disfrutabas cuando eras niño pero que dejaste de hacer cuando te hiciste mayor.
Tal vez te guste escribir historias, dibujar en un cuaderno de bocetos o participar en deportes.

Vuelve a introducir esas actividades en tu vida para determinar si todavía obtienes el mismo nivel de disfrute con ellas.

Cuando estaba en primaria me encantaba dibujar mucho, dibujaba todo lo que me llamaba la atención en el reverso de mis cuadernos o de mi pupitre, durante mis días en la universidad, reviví esa pasión y descubrí que aún tenía esa pasión por dibujar.

. . .

#5: **Explora las cosas que siempre has querido probar**

Nada te impide hacer las cosas que siempre has querido hacer. Incluso si inicialmente te sientes aprensivo o incómodo con la actividad, nunca sabrás si realmente te apasiona a menos que lo intentes.

Permítete estar abierto a nuevas experiencias con la esperanza de descubrir algo que no sabías que amabas. Haz una lista de experiencias o actividades en las que tengas un ligero interés y descubre cómo involucrarte en ellas.

3

Desarrolla Tu Pasión

Después de haber descubierto tu pasión, ¿Qué va después?

¿Descubrir tu pasión por sí solo te hace ganar? En este capítulo, he discutido cómo puedes desarrollar la pasión que has descubierto.

Empecé a descubrir mi pasión hace mucho tiempo, y he desarrollado gran parte de mi pasión en productos y negocios que me están dando ganancia a la fecha.

Cuando estaba en la escuela secundaria, descubrí que me apasionaba todo lo relacionado con la informática, solo quería estar cerca de un sistema informático, podía pasar todo el día en la computadora incluso cuando no sabía cualquier cosa sobre la computadora.

. . .

Hubo un tiempo en que usé mi almuerzo para ir a ganar tiempo en un cibercafé, me quedaba en eso hasta mi tiempo expiraba sin hacer nada en la computadora, yo estaba feliz de estar sentado con la computadora.

Debido a mi pasión por las computadoras, decidí estudiar un curso relacionado con la informática en la universidad, decidí estudiar ingeniería informática. Debido a mi pasión, me convertí en uno de los mejores estudiantes de mi departamento, incluso cuando otros estudiantes se quejaban de un curso o una conferencia, me encontré disfrutando todo y el resultado se vio en mis calificaciones durante toda mi etapa universitaria.

Después de la escuela, pensé que conseguiría un trabajo como ingeniero informático o tal vez trabajaría en el campo de la ingeniería informática, pero NO, más bien descubrí otra pasión después de la escuela. Es importante agregar aquí que puedes tener más de una pasión, así que en tu proceso de descubrir tu pasión no limites tu descubrimiento, disfrútalo, cubre todo lo que puedas, puedes beneficiarte de todo de tu pasión.

Bien, volviendo a mi historia...

. . .

Descubrí que me gustaba hablar con la gente sobre negocios, podía pasar horas hablando con la gente sobre sus ideas de negocios a pesar de que no había tomado ningún curso relacionado con los negocios en la universidad ni tenía ninguna experiencia empresarial.

Cuando descubrí esta pasión, supe que podía hacer algo con ella, que podía ganar dinero con ella, así que decidí desarrollar mi pasión por hablar de negocios.

Al desarrollar mi pasión hice algunas cosas realmente simples, que tú también deberías hacer si quieres desarrollar la tuya.

#1: Aprende sobre tu pasión

Sí, aprende sobre tu pasión. Después de la escuela, me mudé a Lagos, Nigeria, donde conseguí un trabajo en una empresa de seguridad, era un trabajo relacionado con la informática, fue en el trabajo que descubrí que me apasionaba hablar con gente sobre negocios.

Hablaba con mis colegas sobre sus ideas de negocios, incluso le di al jefe de mi departamento algunas ideas de negocios, e incluso lo ayudé a crear un blog y le enseñé cómo podía monetizar su blog para ganar dinero.

. . .

Después de algunos meses, me aburrí en el trabajo, era como si hubiera algo que debería estar haciendo y no estaba haciendo, de todos modos, dejé el trabajo, sí, lo dejé para ir a buscar lo que debería estar haciendo.

No digo que debas dejar tu trabajo...

Empecé a buscar gente en la misma línea de mi pasión que ya les estaba yendo bien. Busqué en todas las plataformas de redes sociales, encontré algunas personas extremadamente buenas que estaban haciendo lo que me apasionaba.

Los seguí en las redes sociales, vi sus videos, escuché sus cintas de audio. Aprendí lo que estaban haciendo de lejos, recordé que me quedaba despierto toda la noche viendo videos en internet y tomando notas.

Aprendí todo lo posible que podía aprender, compré libros relacionados con la consultoría empresarial, participé en seminarios web, participé en cursos en línea y muchas otras cosas, solo para aprender y tener una idea clara de mi pasión.

No importa cuál sea tu pasión, debes dedicar tiempo a aprender más sobre ella, siempre hay alguien por ahí que ha hecho algo relacionado con lo que te apasiona. Sal a buscarlos, aprende de ellos, si es posible contáctalos para que te asesoren, es posible que tengas que pagar para recibir capacitación.

Por ejemplo, descubriste que te apasiona la cocina, sí, puedes cocinar, pero aún necesitas aprender más sobre la cocina, puedes seguir a un chef profesional en línea, pagar para asistir a la capacitación para convertirte en un chef profesional, hacer preguntas, obtener tanta información sobre esa pasión como sea posible.

La información y el conocimiento que tienes sobre esa pasión es lo que te diferenciará a largo plazo, y eso es lo que determinará si obtendrás ganancias de esa pasión o no.

El error que comete mucha gente es pensar que la pasión por sí sola es suficiente para iniciar un negocio o ganar dinero u obtener ganancias. NO, no es suficiente, debes convertir tu pasión en algo que te haga obtener ganancias y comienza por aprender y recopilar información sobre esa pasión.

En mi curso de aprendizaje sobre mi pasión (hablar de negocios) descubrí que el campo de los negocios es muy salvaje, todas las personas a las que seguía hablaban sobre diferentes áreas de negocios.

· · ·

Esto me lleva a la segunda cosa que debes hacer para desarrollar tu pasión.

#2: Reduce tu pasión (el nicho)

Cuando escuchas reducir, lo que te viene a la mente es simplificar. No puedes ser un aprendiz de todos los oficios porque terminarás siendo un maestro de ninguno. Déjame darte un ejemplo, te apasiona la enseñanza, tal vez un líder de opinión y te apasiona hablar sobre las relaciones.

Ahora sabemos que la relación es un tema realmente amplio: la relación cubre a los solteros (aquellos que no están casados), los recién casados, los que han estado casados durante mucho tiempo, los divorciados (separados).

Entonces puedes ver que la relación es un tema muy amplio. Puedes decidir enfocarte en mujeres solteras que están en edad de contraer matrimonio o son parejas de recién casados o mujeres u hombres divorciados.

Porque hablar sobre todos los temas de las relaciones te confundirá y también confundirá a tu audiencia. De todos modos, es posible que desees simplificarlo para que sea conveniente para ti. Acotar o tener un nicho te hace enfocar tu energía y atención.

. . .

Cuando descubrí que el campo de los negocios era muy salvaje, decidí, después de hablar con algunos de mis mentores, reducirlo al desarrollo de negocios, el desarrollo de nuevos negocios también es muy salvaje, tenía que concentrarme en emprendedores y nuevas empresas a nivel de idea.

Cuando tienes en mente una categoría o audiencia en particular, es más fácil cuando empaquetas tu pasión en productos. Se llama adaptar tu producto para un sector en particular.

Cuando enfocas tu pasión en una audiencia en particular, tus productos se vuelven peculiares para esa audiencia en particular. Cuando alguien piensa en un tema en particular, apareces en su mente.

Un ejemplo más de cómo acotar tu pasión, hablamos antes sobre tener pasión por la cocina, la cocina es muy amplia, tenemos continental, intercontinental y muchas más, no soy cocinero, así que es posible que no conozca las diversas categorías, pero sé que es amplio.

Entonces, como alguien que tiene pasión por la cocina, podría reducirlo a quizás platos continentales o platos intercontinentales en lugar de simplemente cocinar todo lo que se le ocurra.

. . .

Entonces eso es todo... En el momento en que hayas reunido con éxito tanta información sobre tu pasión, descubrirás que a lo largo de la línea te has reunido con otras personas que tienen una pasión similar a la tuya y que también están construyendo.

En el momento en que hayas reducido con éxito tu pasión, descubrirás que ahora tienes claridad, tu pasión ahora se ha vuelto más tangible:

Ahora puedes relacionarte con tu pasión, ahora puedes pasar a obtener ganancias de tu pasión.

4

Construye Una Marca Alrededor De Tu Pasión

En este nivel, has descubierto con éxito tu pasión y la has desarrollado, ¿qué sigue? Construye una marca alrededor de tu pasión.

Después de que descubrí mi pasión por hablar de negocios, la desarrollé para desarrollar negocios para emprendedores a nivel de ideas y empresas emergentes.

Tenía suficiente información en ese momento, tenía personas a las que podía acudir para pedir consejo, y mi pasión estaba lista para empezar a hacerme beneficio. Al construir una marca en torno a tu pasión, el primer paso es:

#1: Busca un problema

. . .

El problema es el camino a la riqueza, la gente siempre te pagará si tienes soluciones a sus problemas. La pasión es buena, pero no queremos ser apasionados, queremos sacar provecho de nuestra pasión.

Sabía que quería hablar con emprendedores y startups a nivel de idea, tenía una audiencia que estaba dispuesta a escucharme, pero el desafío era que muchas otras personas estaban atendiendo a esta audiencia, muchas personas estaban haciendo lo que yo quería hacer.

Tenía que buscar la forma de destacarme en el nicho que había elegido, para ello necesitaba buscar entre mi audiencia un problema no resuelto.

Seguí aprendiendo sobre mi audiencia, descubrí que un problema que no han resuelto es que gran parte de esta audiencia no sabe qué hacer para crear una identidad que haga que tus ideas o startups se destaquen.

Así que decidí resolver ese problema para mi audiencia, reuní suficiente información sobre el problema y cómo podría resolverlo, hablé con mis mentores y pude encontrar una solución.

. . .

He dicho varias veces en este libro que tu pasión no es suficiente, tu pasión debe ser capaz de resolver un problema, la solución es lo que la gente paga, a nadie le importas tú o tu pasión, todo lo que quieren son respuestas.

Por lo tanto, tu pasión debe ser capaz de entregar las respuestas que están buscando y vendrán corriendo hacia ti con tu dinero.

#2: Crea una Identidad para ti Mismo

Ahora, esto es muy importante, necesitas ser percibido como una autoridad en tu campo. Después de ver un problema y obtener una solución, lo siguiente que hice fue compartir mi pasión con un amigo que compartía la misma pasión.

Hicimos una lluvia de ideas sobre algunos nombres y se nos ocurrió un nombre que muestra lo que hicimos. Llamamos a nuestra marca "Túneles" porque nuestra visión era ayudar a las empresas que están en la oscuridad a salir a la luz y que sonaban como túneles, por lo que íbamos a ser la luz al final de los túneles para emprendedores de nivel de idea e Inauguración.

Hay algunas cosas que debes saber sobre la creación de una identidad:

. . .

La forma más fácil de crear una buena identidad es tener una visión. Sin visión, es posible que no sepas exactamente qué identidad debes crear para tu marca.

Si has estado siguiendo este libro y todo lo que he estado hablando, a estas alturas ya debería tener una visión si no retrocede y sigue cada paso.

En mi caso, mi visión era ayudar a los emprendedores y nuevas empresas a nivel de idea, crear una identidad que los haga sobresalir. Escribir tu visión para tu marca.

El nombre de tu marca es único. El nombre de la marca es como tu propio nombre, donde sea que escuchas tu nombre le das atención.

¿Qué quieres que la gente piense cuando escuchen tu marca? No copies nombres, dale a tu marca un nombre que la destaque.

Los eslóganes son importantes. Los eslóganes son como el lema de tu marca. Es un resumen de tu punto de venta único. Para los túneles, nuestro primer eslogan fue "Su identidad, su beneficio". Verás, define todo lo que esperamos hacer.

. . .

Como dije, tu visión de tu marca te guiará en todo esto.

Los colores y los logotipos también son muy importantes. Los colores que elijas para tu marca deben resonar con la visión de la marca.

Recuerda que los colores tienen significados, has bien en saber qué color es apropiado para lo que representa tu marca. Los logotipos son como la cara de tu marca, si alguien ve tu logotipo, han visto tu marca. Por lo tanto, debes asegurarte de que tu logotipo defina tu marca.

Nota: No hay una visión, un eslogan, un logotipo o colores perfectos. Siempre puedes mejorarlos a medida que la marca crece. Lo importante es que tengas algo que mostrarle a tu audiencia con lo que puedan identificarse.

También me gustaría agregar que, al crear una identidad para tu marca, podrías ser la marca, tu marca podría centrarse en ti como persona, tú eres su logotipo, tu nombre es el nombre de tu marca y tu eslogan es lo que quieres hacer.

Por ejemplo, podría tener una marca y llamarla 'alcalde Zino' y mi eslogan podría ser 'desarrollando ideas para nuevas empresas'. No tienes que hacer todo esto tú mismo, podrías contactar a un experto en branding si tienes el dinero para o puedes consultar en Internet para recursos gratuitos que podrías usar.

#3: Conozca su plataforma

Conocer tu plataforma debe ser muy fácil para ti porque ya conoces a tu audiencia, por lo que debería ser fácil para ti saber exactamente dónde encontrarlos.

Cuando comencé a construir mi marca, sabía que la mayoría de las personas que tenían ideas o que iniciaban una pequeña empresa estaban en las redes sociales, muchas de ellas en las más conocidas.

Fui allí en las plataformas de redes sociales, creé cuentas en todas las plataformas, con la identidad que ya había creado, mi marca, logotipo, eslogan, visión y toda la identidad que tenía.

Ahora mi plataforma estaba en las redes sociales, la tuya podría no estar en las redes sociales, tu audiencia podría ser estudiantes de secundaria o trabajadores bancarios.

. . .

Si son los estudiantes de secundaria, saben que su plataforma son las escuelas secundarias, si son los banqueros, saben que su plataforma está en el banco.

Tu plataforma es cualquier lugar donde puedas relacionarte con tu audiencia o un lugar donde puedas mostrarle a tu audiencia las soluciones a tus problemas.

Conocer la plataforma correcta es muy importante porque una vez que estés en la plataforma incorrecta, estarías mostrando la solución correcta a la audiencia equivocada, lo que podría generar frustración.

Pero creo que, en este momento, al momento de escribir el libro, las redes sociales son una plataforma donde todos están reunidos.

Todo lo que necesitas hacer es encontrar la plataforma de redes sociales donde se reúne tu audiencia y llegar a ellos.

5

Dar Valor

Ahora que has visto un problema entre tu audiencia, también has encontrado una solución a ese problema. Lo siguiente que debes hacer es hacerle saber a la gente que tienes una solución o que tú eres la solución a tu problema.

¿Cómo haces eso?

Brindando información valiosa relacionada con la solución que estás brindando.

La información que dicen es poder, sí, de hecho, es muy poderosa. Estamos en una época en la que las personas pagan de miles a millones por información que pueda ayudarlos a resolver un problema en particular o llevarlos de una etapa en la que se encuentran a otra etapa en la que quieren estar.

. . .

Ahora tienes esa información, tienes ese conocimiento, tienes esa idea y tienes esa solución por la que la gente está dispuesta a pagar mucho.

Hay miles o millones de personas esperando que resuelvas su problema, esperando que los lleves del nivel en el que se encuentran ahora al siguiente nivel al que quieren llegar.

Entonces, si no compartes tus conocimientos, si no pasas la información que sabes, estas personas no se van a mover o crecer.

Independientemente de los campos en los que pueda caer tu pasión, algunas personas necesitan ese conocimiento y es por eso que necesitas compartir ese conocimiento.

Ahora imagina que esta información y conocimiento por los que la gente está dispuesta a pagar miles o incluso millones, los está dando de forma gratuita.

Sí, dárselo gratis…

. . .

Cuando comenzamos la marca Túneles y entramos en las plataformas de redes sociales, comenzamos a brindar información de forma gratuita. Recuerda que ya había hecho mi aprendizaje, por lo que tenía la información adecuada.

Seguí dando contenido gratuito durante aproximadamente un año, a veces me quedaba despierto toda la noche solo para reunir contenido para mi audiencia, todo gratis.

Di contenido sobre diferentes temas que se relacionaban con mi audiencia, di soluciones gratuitas a problemas que preocupaban a mi audiencia.

Seguí dando contenido sin considerar el dinero. Empecé a ganar seguidores gradualmente, me costó mucho trabajo, pero seguí.

La gente empezó a mostrar interés en mi contenido y mis soluciones, comenzaron a hacer preguntas, y durante mucho tiempo tuve mucha gente enviándome mensajes privados para hablar de sus ideas y negocios.

Mucha gente no quiere dar contenido gratis, algunas personas temen que su audiencia no pague si les dan contenido gratis, algunas personas simplemente están demasiado interesadas en el dinero, olvidan que la gente paga por el valor.

Una vez que comienzas a dar valor de forma gratuita, tu audiencia comienza a percibirlo como una autoridad en tu campo. Te conviertes en la persona de referencia, cuando tienen desafíos o problemas, eres la primera persona que les viene a la mente.

Cuanto más brindes valor, más confiará tu audiencia en ti y estará dispuesta a pagarte por tus valores.

Ahora, dar contenido no se limita a negocios o soluciones en Internet, aunque siempre debes tratar de encontrar una audiencia en línea también porque cada clase de personas está en Internet, solo tienes que encontrar la plataforma adecuada.

Déjame darte un ejemplo usando la solución para estudiantes de secundaria y banqueros. Para los estudiantes de secundaria, podrías ofrecer capacitación gratuita a las escuelas de tu entorno, o una presentación gratuita, recuerda que estás ofreciendo una solución a un problema, por lo que aceptarán.

. . .

Cuando acepten, reúne tus recursos y entrega valor, toma fotografías, mantén registros porque los necesitarás más adelante para obtener ganancias.

Si realmente tienes una solución a un problema y has hecho tú debida diligencia, descubrirás que te convertirá en una autoridad entre las escuelas en esa área y será mucho más fácil ofrecerles otras soluciones.

Lo mismo con la banca o cualquier otro sector, la gente siempre ama el valor y está dispuesta a pagar por él. Entonces, si lo ofreces gratis y obtienen el valor, estarán dispuestos a pagar la próxima vez.

Y también llegas a ser una persona de referencia cada vez que tienen cualquier desafío con la solución que tú has proporcionado.

6

Para De Poner Excusas

Hay un millón de razones por las que no puedes sacar provecho de tu pasión y, aun así, hay un millón de razones por las que deberías hacerlo.

En lugar de centrarte en las razones por las que no puedes, deberías centrarte más en las razones por las que deberías hacerlo.

Cuando comenzamos nuestra marca Túneles, les conté cómo dejé mi trabajo, así que estaba desempleado, apenas podía comer una buena comida, mis amigos y yo logramos solo llevarnos bien. Pero en medio de todas estas luchas, seguimos desarrollando nuestra marca, así que no hay excusas.

. . .

Te dije que me quedaría despierto toda la noche, solo para recopilar la información que daría de forma gratuita.

La razón principal por la que me quedé despierto toda la noche no fue que la noche fuera tranquila, no, fue porque no podía pagar los datos durante el día, así que esperaría hasta la medianoche cuando los datos son baratos.

¿Entonces, cuál es tu excusa?

Algunas personas se quejan de que necesitan dinero para pagar programas de capacitación o tutoría, o incluso para pagar cursos, solo para desarrollar su pasión.

Todas estas son excusas y te mantendrán dónde estás por mucho tiempo.

El dinero no es una excusa, ¡nada lo es!

Al final del año de la pandemia (2021) inicié una marca de moda masculina (Mazin) con capital cero. Sí, con nada de dinero.

. . .

Crecí en un hogar donde mi mamá es diseñadora de modas, la vi hacer lindos atuendos cada vez, y ella hizo la mayoría de las mejores prendas que tuve mientras crecía.

Tenía una pasión incorporada por la moda como resultado de ver a mi madre hacer ropa.

Traté de hacer ropa, pero nunca fue una cosa para mí. Dejé de intentar hacer ropa incluso antes de empezar.

Pero sabía que tenía pasión por hacer ropa, podría haber dado una excusa de que hacer ropa no era lo mío y hubiera sido justificable.

Pero no lo hice, sino que alimenté la pasión, seguí leyendo revistas de moda en línea, siempre revisaba las últimas tendencias de la moda en las redes sociales y seguía modelos que tenían buen sentido de la moda.

Durante el confinamiento en 2020, me dije a mí mismo que iniciaría un negocio físico como la mayoría de mis negocios antes de eso estaban en línea.

. . .

Hice una lluvia de ideas sobre muchas ideas, pero finalmente decidí construir una marca en torno a mi pasión por la moda.

Entré en línea, obtuve algunos estilos muy atractivos, creé la identidad de mi marca (fue fácil para mí ya que tenía un buen conocimiento del diseño gráfico), le di un nombre a la marca, un eslogan, diseñé el logotipo y configuré mis páginas de redes sociales.

Empecé a publicar fotos de lindos atuendos de hombres de otras marcas, agregaba los contactos de mi marca en cada foto antes de subirlas.

Recorrí mi área local para obtener algunos de los mejores diseñadores de moda locales, tenía algunos chicos que eran extremadamente buenos.

Compartí mis planes con ellos, que eta vender todos los conjuntos de hombres confeccionados, les dije que no tenía dinero para pagarles los conjuntos, pero una vez que recibiera un pedido y el cliente pagará, lo resolvería.

Estuvieron de acuerdo en hacer estos bonitos conjuntos a un precio muy asequible para mí, para que yo también pudiera hacer alguna ganancia decente. Y comenzamos el negocio...

. . .

Me dirigía a una audiencia que pagaba mucho en mi página de redes sociales, aumentaba el precio (para estos clientes todavía era muy asequible), tomaba sus medidas, compraba las telas, mis diseñadores hacían los atuendos, yo les pagaba a ellos del dinero que mis clientes me pagaban.

Hice empaques elegantes para los atuendos con el nombre de la marca impreso y una tarjeta de agradecimiento en cada pedido que se enviaba.

Como estábamos en el negocio, teníamos algunos clientes, me convertí en mi embajador de la marca, hacía estos estilos muy bonitos para mí muy baratos con el nombre de mi marca en el atuendo.

Cuando las personas vieron estos atuendos en mí, querían saber de dónde los obtenía y eso creó una oportunidad de marketing para mí y mi marca.

Hice algunas ventas maravillosas, incluso apliqué la misma técnica para hacer zapatos de marca y otro calzado para la marca.

¿Entonces, cuál es tu excusa?

. . .

Déjame decirte que la riqueza gratuita sigue a los que toman medidas. Entonces, si deseas obtener una tonelada de ganancias de tu pasión, debes dejar de poner excusas y comenzar a tomar medidas, sin importar cuán pequeñas sean.

7

Pasión Por El Producto

CONVERTIR tu pasión en un producto es donde sucede toda la magia.

Un producto es un artículo que se ofrece a la venta, esto significa que debemos convertir nuestra pasión en algo que podamos ofrecer a la venta.

Ahora, a lo que estamos más acostumbrados son a los productos físicos que la gente vende, productos que podemos sostener, tocar y sentir.

Pero también tenemos productos digitales que son productos que residen en dispositivos digitales como sus teléfonos, computadoras portátiles y otros dispositivos electrónicos diversos.

. . .

En un capítulo anterior hablé de dar el valor o digamos contenido valioso gratis y cómo te convertirías en una autoridad y en una persona para tu audiencia.

En este capítulo, hablaré sobre la creación de productos a partir de nuestra pasión en torno a la audiencia que ya tenemos y sobre la que nos hemos convertido en una autoridad.

Así que me centraría en convertir nuestra pasión en productos digitales.

Nota: Tus productos también podrían ser productos físicos, pero creo que incluso si tienes un producto físico, también debes crear un producto digital en torno al producto físico porque en este momento somos mayormente digitales.

Ejemplos de productos digitales son libros electrónicos, cursos, cursos en video, audiolibros, membresías, etc.

La base para construir productos digitales está en formación.

Durante este libro, he hablado de recopilar información adecuada sobre tu pasión. Dije que la pasión por sí sola no es suficiente, necesitas respaldar tu pasión con el conocimiento adecuado esa es la única forma en que realmente puedes ganar la confianza de tu audiencia.

Porque a medida que tu audiencia te escucha, ellos sabrán si estás medio cocido o si esta es verdaderamente la solución que han estado buscando.

La industria de la información es multimillonaria y a lo largo de los años, ha ido en constante expansión.

Lo que hacen en la industria de la información es que la gente venda sus productos digitales.

Digamos que tu pasión es hornear y eres muy bueno en eso.

Has recopilado suficiente información al respecto, ya tienes mentores.

Hay tanta gente en el nivel de principiante en ese mismo campo que quieren llegar a ese escenario dónde estás tú.

. . .

Estas personas están buscando a aquellos para tomarlos de la mano y llevarlos al siguiente paso y estarán dispuestos a pagarle por ese conocimiento que les ayudaría a lograrlo.

A principios de 2021, recibí una llamada telefónica de uno de mis amigos y ella estaba triste. Ella estaba llorando y quejándose de que no tenía dinero y ella necesitaba dinero para poder ampliar su negocio.

Ella acababa de comenzar este negocio donde principalmente vendía cosas de damas y ella necesitaba dinero para expandir el negocio y ella no tenía el dinero o capacidad financiera para hacerlo.

Mientras hablábamos, me di cuenta de que hay mucha gente que quiere llegar al escenario en el que ella estaba en ese momento.

La etapa en la que se encontraba en ese momento, donde había iniciado el negocio y estaba haciendo ventas, hay personas que quieren llegar a esa etapa.

Sentía que no había llegado a esa etapa establecida y que necesitaba mucho capital, pero la etapa en la que se encontraba en ese momento era una en la que miles de mujeres que querían iniciar ese negocio, pero no sabían cómo hacerlo.

Así que le dije, 'mira, ¿qué tal si empaquetas este conocimiento que tienes y se lo enseñas a otros y la gente te pagaría dinero y puedes usar ese dinero para expandir tu negocio?

Y eso es exactamente lo que hicimos. Nos sentamos, yo le hice convertir su conocimiento en un curso, lo creamos, lo comimos y luego empezamos a vender a otros.

En tres (3) meses de vender su conocimiento, pudo recaudar más de doscientos mil pesos que volvió a poner en el negocio para crecer y expandirlo.

Entonces, vemos aquí que no importa la etapa en la que te encuentres, hay personas que están en las etapas iniciales. Las personas que todavía están un paso detrás de ti querrán que les muestres el camino para llegar a dónde estás ahora mismo.

Dije antes que, al convertir tu pasión en ganancias, debes buscar problemas en torno a tu pasión y crear una solución para ese problema.

· · ·

Literalmente puedes tomar la solución que encontraste en el camino y puedes empaquetarla para un producto digital, libro en línea, un curso, etc. y venderla a estas personas y con gusto le comprarán a porque necesitan las soluciones a sus problemas.

8

Pasión Por Las Ganancias

A estas alturas, deberías haber sido capaz de descubrir, desarrollar y convertir tu pasión en un producto digital que ya tiene una audiencia hambrienta.

Si dijiste que no a la declaración anterior o no estás seguro, es posible que debas comenzar este libro desde el principio y esta vez tomar medidas mientras lees.

Si tienes algún desafío con la creación de tu producto, yo te puedo ayudar; contáctame.

Como mencioné antes, tu producto digital podría ser libros electrónicos, cursos de video, podcasts, audiolibros, etc. Sea lo que sea, no te dará ganancias a menos que lo vendas.

. . .

En este capítulo, discutiré cómo puedes obtener ganancias de los productos que has creado a partir de tu pasión.

#1: Comience con tu red y recuerda solicitar referencias.

Suficientemente divertido al vender tu pasión empaquetada, tu red de familiares y amigos son tus primeros clientes.

Entonces, digamos que te apasiona hablar con las personas sobre tu relaciones, ahora que has creado un producto que puede ser un libro electrónico o un curso en video sobre "los errores que cometen los solteros que los mantienen solteros".

Ahora tienes un grupo de amigos que en su mayoría han intentado una o más relaciones que no funcionaron y ahora no tienen ninguna relación.

¿No crees que el primer grupo de personas que lee tu libro o ve tus videos son tus amigos que tienen el problema exacto al que estás ofreciendo soluciones?

Debes informar a tus amigos de tu solución, puede ofrecerlos de forma gratuita o por una pequeña tarifa. Y pídeles reseñas sobre los productos.

Si verdaderamente tu producto es bueno y soluciona el problema para el que lo has empaquetado, solucionará los problemas de tu amigo y compartirán el mensaje en tu nombre. Utiliza todos los canales que tu red pueda tener, redes sociales, números de teléfono, correos electrónicos, lo que sea.

#2: Encuentra una comunidad con tu audiencia o usa sitios de alto tráfico.

Hablo de encontrar a tu audiencia en las redes sociales, que podría ser un grupo o una comunidad.

Si has seguido las lecciones de este libro, a estas alturas tu audiencia en las redes sociales debería haber confiado en ti, porque los ha estado alimentando con información/contenido valioso y gratuito.

Ahora es el momento de presentarles un producto pagado, porque ya confían en que comprarán y siempre recuerdan seguirlos para obtener reseñas.

También puedes usar sitios de alto tráfico como los que se ocupan para hacer compras en línea y muchos más. Donde puedes enumerar tus productos y hacer que miles de millones de personas los vean y los compren.

#3: Usa las redes sociales para encontrar personas que se quejan del producto de la competencia.

¡Sí! Tienes competidores, no eres el primero en ofrecer esa solución. Son personas que han ofrecido antes que tú la misma solución o algo similar.

Busca a estas personas, puede haber algo que no hicieron bien o que se les pasó por alto y sus clientes no se quedarán callados al respecto.

Las redes sociales son el único lugar al que acuden los clientes para criticar un producto. Por lo tanto, debes estar atento a estos clientes insatisfechos de tus competidores.

Ponte en una relación con ellos y trata de saber el problema para mejorar tu producto. Puedes ofréceles tu producto gratis o por una pequeña tarifa (no hagas esto inmediatamente).

#4: No salgas directamente a la venta, ofrece algo gratis mientras puedas sobrevivir.

. . .

La mayoría de las veces tenemos demasiada prisa por hacer ventas y nos olvidamos de construir una relación a largo plazo con personas que nos comprarían una y otra vez durante años.

Lo que debes hacer es crear una lista de prospectos y clientes para que puedas comercializarlos para siempre.

Entonces, en lugar de tratar de vender de inmediato, ¿por qué no les ofreces algo a cambio de sus datos de contacto? Podría ser una breve pieza educativa relacionada con la solución que estás proporcionando.

Cuando obtengas sus datos de contacto, envíales ofertas para comprar tu producto, si te pudieran dar sus datos de contacto de forma gratuita porque ofreciste una pieza corta relacionada con un problema, pagarán por el trato real. Cuando haces esto, tienes sus datos de contacto. Significa que puedes comunicarte con ellos de nuevo una y otra vez cuando tengas un nuevo producto.

#5: Usa las redes como si tú producto dependiera de ello

. . .

Siempre encuentra formas de conocer gente nueva, especialmente aquellos que has identificado como tu audiencia y nunca hagas una venta agresiva.

Por venta agresiva quiero decir, no intentes venderle a alguien que acabas de conocer. Construye una relación antes de hacer esa venta.

La creación de redes es algo en lo que deberías estar interesado. Puede que tengas que planear salir dependiendo de tu nicho.

Por ejemplo, soy un desarrollador de negocios para emprendedores y nuevas empresas a nivel de idea. Cuando comencé, asistía a seminarios y capacitaciones gratuitos para empresas emergentes y emprendedores.

Al final de dicha capacitación o seminarios, quería acercarme a diferentes personas, presentarme, preguntar por su contacto y darles mi contacto también.

Cuando llegaba a casa, les enviaba un mensaje diciéndoles lo emocionado que estaba de haberlos conocido en el entrenamiento. Ahora estoy seguro de que tienen mi contacto guardado en su teléfono.

. . .

De vez en cuando les enviaba mensajes, los llamaba para saber cómo estaban, discutía algunas de las cosas que aprendimos durante el seminario o la capacitación.

Cuando estoy seguro de que tenemos una relación, gradualmente les presento mis productos. Ahora, las posibilidades de que me compren son altas porque las personas tienden a comprar más a personas que conocen y en las que confían.

Ahora imagina que conocí a 10 personas así en solo ese evento y asisto a 10 de esos eventos en 6 meses, eso es alrededor de 100 nuevos contactos y clientes potenciales.

Ese es el poder de las redes...

También puedes hacer esto en grupos de tu teléfono o en redes sociales. Puedes obtener el permiso del administrador de un grupo para presentarte y lo que haces.

#6: Envía mensajes cálidos a tus prospectos.

Recuerda que tus prospectos son seres humanos, envíales mensajes cálidos de vez en cuando, mantente en comunicación con ellos. No te presentes cada vez que tengas algo que venderles.

9

Creencias Limitantes Que Impiden A La Mayoría De Las Personas Monetizar Su Pasión

¿Cuáles son las limitaciones que han impedido que muchas personas creen productos a partir de su pasión?

En este capítulo, discutiré algunas de estas limitaciones y cómo puedes superarlas.

#1: Sentimiento de insuficiencia

La primera limitación de la que hablaremos es 'no sentir que eres lo suficientemente bueno o el SENTIMIENTO DE INADECUACIÓN.

Recuerdo la primera vez que hablé sobre la creación de mis productos digitales, presentándome como un experto en mi campo, este mismo miedo fue al que me enfrenté.

. . .

Solía preguntarme si alguien estaría interesado en escucharme si la gente no sentiría que era un impostor. Empecé a sufrir de lo que se llama 'Síndrome del impostor'.

Déjame explicarte qué significa el síndrome del impostor, este es un síndrome que te hace sentir que no eres quién eres. Sientes que eres un impostor, aunque no lo seas.

Entonces comencé a sufrir el síndrome del impostor hasta que un día, reuní el coraje para crear contenido y publicarlo y, para mi sorpresa, la respuesta fue increíble.

La gente quedó asombrada y salió a decir "¡Dios mío! Nunca había aprendido esto antes, gracias por enseñármelo" y estaba tan sorprendido y me di cuenta en ese momento de que estaba asustada por nada.

Entonces, este es el mismo miedo que enfrenta la mayoría de las personas cuando intentan monetizar su pasión.

Sienten que no son lo suficientemente buenos, sienten que hay personas que son mejores que ellos y, como tal, cuando intentan monetizar su pasión, la gente va a pensar en ellos como un fraude, en consecuencia, los ridiculizará y los hará sentir mal.

Ahora, déjame explicarte por qué este miedo no es cierto y no debería ser considerado.

La razón por la que este miedo no es cierto es que la gente no está buscando lo mejor del mundo, está buscando a alguien que sea mejor que ellos en este momento.

Recuerdo en la escuela secundaria cuando terminábamos las lecciones, tenía a algunos de mis amigos que se acercaban a mí y me decían "¿por favor puedes enseñarnos física?"

Y siempre les preguntaba "por qué no van con el maestro, es extremadamente bueno y tiene un certificado universitario para demostrarlo. Debe ser él a quien deben consultar, no a mí. Todo lo que sé de ese tema se los acaba de enseñar, no tengo idea del próximo tema que van a enseñar".

Pero a mis amigos no les importó, todo lo que sabían era que yo conocía el tema, y había estado respondiendo las preguntas, por lo que me necesitaban para enseñarles.

. . .

Es lo mismo que se aplica en el mundo real. Mientras sepas lo que ellos no saben, tú tienes las respuestas a las preguntas que están haciendo, por lo que ellos te escucharan.

No tienes que ser el más grande del mundo. Ni siquiera buscan al mejor del mundo, solo buscan a alguien que esté un paso por delante de ellos.

Esa es la persona que quieren escuchar.

Entonces, si albergas este miedo, quiero que calmes tu mente y lo borres. Mientras sepas algo, por poco que sea. Puede que estés pensando que lo que sabes es tan pequeño que no es suficiente información, pero aquí está lo increíble, cuando intentas empezar a monetizar esa pasión, te das cuenta de que hay tantas personas por ahí que ni siquiera saben que las cosas que sientes que son pequeñas e insignificantes.

Recuerdo que la mayoría de las veces les digo a mis amigos: "Estas cosas son básicas, no son avanzadas y no es gran cosa".

Tengo gente que saldría más tarde y me diría "¡Dios mío! No sabía estas cosas antes".

. . .

Siempre me sorprende. Pero esa es la cosa; algunas personas ni siquiera saben lo que sabes.

Entonces, estás ahí pensando que lo que sabes es básico y que no hay manera de que puedas vender el conocimiento, te dices a ti mismo que hay gente que sabe incluso mejor que tú.

Te digo categóricamente ahora que no es cierto. Hay personas por ahí que honestamente no saben tanto como tú y están orando para que des un paso adelante y compartas tu conocimiento con ellos.

Entonces, si tienes este miedo, quiero que descanses tu mente ahora.
#2: Miedo a la Competencia.

La segunda limitación de la que hablaría es el miedo a la competencia.

Cuando comencé a pensar en monetizar mi conocimiento, fue a fines de 2019 y comencé a implementarlo en enero de 2020.

. . .

Entonces, cuando comencé a pensar en monetizar mi conocimiento, una de las primeras cosas que pensé mucho y lo que me retuvo fue el miedo a la competencia.

Solía pensar que, si les enseñaba a todos todo lo que sé en mi cabeza, entonces, en primer lugar, conocerían todos mis secretos, todos mis trucos y, al hacerlo, me habría creado competencia.

Comenzarían a vender las mismas cosas que yo vendo porque tendrían la misma profesión, usarían las mismas tácticas que yo uso y sentí que eso me generaría competencia.

Esto me detuvo y por un tiempo, no pude hacer cualquier movimiento hacia la creación de mi producto digital.

Hasta que un día, durante una llamada telefónica con un entrenador, me mencionó algo tan poderoso. Dijo y cito: "Si no les enseñas, otras personas lo harán".

E inmediatamente me di cuenta de que la afirmación era correcta. Si no les enseño a estas personas, habrá personas que vendrán y aun así les enseñarán.

Y eso es exactamente lo que empezó a suceder. Empecé a darme cuenta de que otras personas estaban enseñando estas cosas. Esto fue lo que me llevó al punto en que sentí que necesitaba hacer algo, me di cuenta de que la mayoría de las personas que enseñaban estaban dando información a medias.

Repaso algunas de las cosas y me doy cuenta de que la información allí está a medias y lejos de estar completa. Supe de inmediato que cualquiera que lo lea no puede tener éxito en la empresa con la información que se le dio.

Y eso fue lo que me impulsó a la acción, a crear mis productos digitales, ayudar a la gente porque si no lo haces, hay personas que sin duda lo harían.

Esto es lo que me di cuenta cuando comencé, crees que estás revelando todos tus secretos porque le estás enseñando a la gente estas cosas, pero una cosa que sucede cuando comienzas a enseñar es que comienzas a aprender más.

Es súper asombroso. Solo te darás cuenta de esto cuando empieces a enseñar. A medida que sigas enseñando a la gente, te verás empujado a aprender más para que siempre puedas tener algo que enseñar.

Luego, a medida que sigues aprendiendo más, sigues calificando, sigues creciendo y sigues actualizando tu banco de conocimientos, aprendiendo cosas que nunca antes sabías.

Solía tener miedo de enseñar y exponer todos mis secretos y sentía que no tendría más secretos, pero esto no es cierto.

Cuanto más enseñaba, más empezaba a aprender aún más cosas. Incluso las cosas que creía saber, tuve que empezar a prestar mucha atención a por qué esto era así, cómo funcionaba exactamente y me volví aún más experto en las cosas que creía saber antes.

Eso es porque ahora tenía gente a la que enseñar. Así que tenía que asegurarme de ser verdaderamente refinado y, mientras enseñaba, terminé aprendiendo también.

Un gran hombre dijo una vez: "La mejor manera de aprender es enseñando". Cuando enseñas a la gente, aprendes más.

También no debes asustarte por el hecho de que crearás competencia para ti mismo. ¡La respuesta es no! Te guste o no, las personas van a aprender esto. Tú debes ser el que les enseñe.

. . .

Si también te asustan tus secretos; mira, vas a aprender aún más cosas. Mientras enseñas a la gente, tu hierro se volverá aún más afilado como dicen, "el hierro afila el hierro."

Cuánto más enseñas más aprendes.

#3: La Limitación Financiera

La tercera limitación que afecta a las personas es el miedo a "no tengo suficiente capital" o, mejor dicho, LA LIMITACIÓN FINANCIERA.

Recuerda que hablé de digitalizar tus productos o tu pasión. La mayoría de la gente cree que, para comenzar a vender productos digitales, debe tener una gran cantidad de capital de la misma manera que lo haría si fuera a vender productos físicos.

Pero aquí está la diferencia; con productos físicos, sí, se requiere capital. Es muy difícil y casi imposible para ti empezar a vender productos físicos sin tener capital.

Además de la necesidad de tu capital inicial, hay otras cosas por las que debes preocuparte cuando estás intentando vender productos físicos. Cosas como:

. . .

Logística

Entregar los bienes a los clientes, y si al cliente no le gustan los productos, tienes que enviar de vuelta.

Recolectar devoluciones, hacer reembolsos y todo eso y muchas otras cosas hacen que todo sea un poco estresante.

Pero con los productos digitales, ese no es el caso para todos.

Puedes crear tus productos digitales con instrumentos gratis.

Si eres bueno para diferentes paqueterías en tu computadora estás listo para hacerlo. Puedes crear tu libro electrónico y envolverlo todo en un día.

Permítanme en este punto dejar en claro que no estoy tratando de exagerar. Puedes empezar a vender productos digitales incluso si no tienes un solo centavo en tu cuenta.

Déjame contarte una historia. Hace algún tiempo, tuve un amigo que quería empezar a vender productos digitales, una de las cosas que hice por él fue, primero que todo, señalar el conocimiento que iba a monetizar cuando descubrimos el conocimiento que ella quería monetizar, empezamos a usar lo que llamamos tráfico orgánico.

Tráfico orgánico significa tráfico libre o personas libres llegando a su producto.

Entonces, comenzamos a usar tráfico orgánico para vender su curso y, a partir de ese tráfico, pudo recaudar más de diez mil pesos el primer día que comenzó a vender.

Esta era alguien que estaba en bancarrota sin un centavo a su nombre en ese momento. Para empeorar las cosas, estaba muy endeudo ya que le debía a mucha gente. Gente a la que había pedido prestado y necesitaba pagar lo antes posible.

Recaudamos diez mil pesos y con ese dinero comenzamos a usar lo que llamamos "TRÁFICO PAGADO".

El tráfico pagado es pagar un sitio para canalizar tráfico o personas a tu producto o sitio web.

A partir del tráfico pagado, publicamos un anuncio, gastamos mil pesos en publicidad, y esa primera clase obtuvo más de cincuenta mil pesos en ganancias y, a partir de ahí, siguió haciéndolo una y otra vez.

. . .

Pasó de estar endeudada a empezar a ganar dinero en solo un corto período, todo porque ella fue capaz de tomar el conocimiento que tenía en la cabeza y convertirlo en un activo que le hizo ganar dinero.

Entonces, si tienes miedo del hecho de que no tienes capital y, como tal, no puedes aventurarte en esto, sabes ahora que no necesitas capital.

Puedes empezar. Mientras estés dispuesto a trabajar, tú debes estar dispuesto a trabajar.

Este no es un "esquema para hacerse rico rápidamente" ni es un esquema Ponzi. Debes estar dispuesto a trabajar y, mientras esté listo para trabajar, puedes comenzar de cero a un millón.

#4: No soy inteligente

La cuarta limitación que tienen las personas que les impide crear un producto de su pasión es el miedo a "no soy inteligente".

. . .

Muchas personas tienen este miedo y la creencia de que no son inteligentes. Quiero darte un escenario, sígueme de cerca mientras te explico esto. Supongamos ahora que estás en un pueblo remoto y vas caminando por un matorral espeso y una cosa te muerde.

Gritas muy fuerte y la gente corre a venir a ayudarte. Cuando llegan a ti, se dan cuenta de que te ha mordido una serpiente y no una serpiente cualquiera, una serpiente muy venenosa.

Para empeorar aún más la situación, nadie allí conoce el remedio. Solo hay una persona en todo el pueblo que conoce el remedio para la mordedura de serpiente y si no te dan ese remedio en las próximas 2 horas, morirás.

Mi pregunta para ti es esta, ¿te importaría si la persona que conoce el remedio es hombre o mujer, alto o bajo, educado o sin educación? ¿Importaría si la persona fuera un niño, un adolescente o una persona mayor? ¿Te importaría si la persona estuviera bien vestida con un traje o vestido como un médico, o estuviera con ropa andrajosa?

¡Seguro que tu respuesta sería un rotundo NO! No te importaría porque lo único en lo que estarías pensando en ese momento es en el hecho de que tienes un problema y alguien sabe la solución.

. . .

Eso es lo que nos importa. Cualquiera que sea el género, el rango de edad, la formación académica, la profesión, el aspecto facial o la posición financiera de la persona, no te importará entonces.

Conseguir el resultado es lo único que te importa.

Ahora, esto es lo mismo que sucede cuando tienes el conocimiento o la solución que la gente necesita.

No les importa tu nivel de inteligencia. La mayoría de la gente cree que no puede hablar correctamente español o sienten que no son tan educados.

Cuando se trata de crear y vender productos digitales, preocupaciones como esa no importan.
    Siempre que tengas la solución que la gente necesita, eso es lo único que cuenta para ellos y estarán dispuestos a pagarte por eso.

He visto esto en muchos casos, he vendido productos a mujeres, me refiero a productos basados en el género y no les importaba si yo era un niño o una niña, solo necesitaban mi solución. Eso era lo más importante para ellos.

. . .

He vendido productos digitales a personas en otros países que tienen mucha gente altamente educada como los nigerianos y no les importaba que yo que no soy tan educado o instruido como ellos, ni que mi país no esté tan desarrollado como el de ellos.

¡No les importaba! Todo lo que les importaba era la solución que les tenía que ofrecer. Eso es lo mismo que les digo ahora.

Nadie se preocupa por lo inteligente que eres. Lo que les interesa es la solución que buscan y si tu producto digital, libro digital, o cursos puedes darles esa solución, no les importa.

No importa cómo suene tu español hablado, no importa si incluso puedes hablar otros cinco idiomas. Siempre y cuando digas lo que quieren oír, no les importa.

10

La Estrategia Ganadora

Antes de mostrarte la estrategia ganadora, analicemos la parte más importante de todo lo que hemos estado hablando.

Que es como vender los productos que has creado a partir de tu pasión. Te he mostrado cómo sacar provecho de tu pasión, pero todo eso sería inútil si no te hablo de vender. Una cosa es obtener la información correcta, conocer los problemas de tu audiencia y brindar las mejores soluciones, otra cosa es empaquetar esta solución en un producto.

Todavía es una cosa saber cómo obtener ganancias de los productos que has creado y hay otra cosa más para que la gente compre el producto. Y aquí es donde mucha gente tiene problemas para crear un negocio en torno a su pasión.

. . .

Tengo una amiga a la que le encanta cocinar y hornear, abrió un canal de internet que muestra a su audiencia cómo cocinar diferentes alimentos.

Después de unos seis meses de ella dirigiendo su canal, me dijo que nadie de su audiencia le ha pedido que cocine para ellos, a pesar de que siempre se la pasa diciéndoles que está disponible para cocinar para ellos. Eventualmente abandonó su canal y comenzó a trabajar para un restaurante.

Al igual que mi amigo aquí, muchas personas han comenzado una cosa u otra a partir de lo que aman hacer, pero renunciaron porque sintieron que no era rentable o que no estaban ganando dinero con eso.

La razón por la que muchas personas no ganan dinero con las cosas que empezaron a hacer es que no saben cómo vender.

No saben cómo vender sus habilidades, sus productos o incluso a sí mismos. Entonces, se quejan de que el negocio no es rentable.

También fui víctima de malas habilidades de venta. Cuando comencé a explorar el mercado de Internet, les conté cómo distribuía contenido de forma gratuita.

. . .

Pero durante mucho tiempo, nadie de mi audiencia solicitó mis servicios a pesar de las muchas ofertas jugosas que les hice.

Tuve que consultar con mi mentor, quien me dijo que necesitaba trabajar en mi habilidad de ventas, comencé a tomar cursos de marketing y ventas, leyendo libros hasta que descubrí la estrategia ganadora.

La estrategia ganadora es mi estrategia de ventas, me ha funcionado y creo que le puede funcionar a cualquier organismo que la aplique también.

Te mostraré un proceso simplificado que puedes usar para vender cualquier producto o habilidad a tu audiencia y ellos estarán felices de darte su dinero.

Ten en cuenta que este proceso solo puede funcionar si has seguido el proceso de este libro. Entonces, asumo que a estas alturas ya tienes una audiencia a la que has estado dando valor y probablemente te hayas convertido en una autoridad para ellos. También asumo que tus productos o servicios pueden resolver los problemas de tu audiencia.

. . .

Si todas mis suposiciones son correctas, pasemos a la estrategia.

#1: La gente compra beneficios, no funciones.

Debes entender que a nadie le importas tú o lo que estás vendiendo. Lo que les importa es lo que esa cosa que estás vendiendo puede hacer por ellos.

Mucha gente comete el error de decirle a su audiencia las características de los productos, lo que hace el producto o servicio.

En su lugar, debes decirle a tu audiencia lo que el producto puede hacer por ellos.

Por ejemplo, si quiero vender este libro en particular a mi audiencia, en lugar de decirles, si lees este libro, puedes obtener ganancias de tu pasión. O este libro es el mejor libro que puedes leer, el libro es rico en contenido, el libro está muy cargado, etc. Le diría a mi audiencia que si leen este libro y siguen todo lo que enseña, pueden volverse ricos en menos de 3 meses.

¿Quién no quiere ser rico en menos de 3 meses?

. . .

O puedo decirles, imagínate libre de hacer trabajos que no disfrutas. Imagina un libro que pueda mostrarte cómo ganar dinero sin esfuerzo y fácilmente, para que puedas diseñar tu vida basada en el amor, la diversión y la libertad, este es ese libro.

¿Quién no querría eso? Entonces, puedo continuar, solo para este libro, tengo hasta quince beneficios y todos ellos se relacionan con los diferentes grupos de mi audiencia.

Para que conozcas los beneficios de tu producto o servicio necesitas dos cosas:

Una es entender tu producto o servicio y dos es entender a tu audiencia. Para comprender tus productos o servicios, debes obtener la mayor cantidad de información sobre ese producto o servicio.

Necesitas conocer el producto o servicio por ti mismo, no porque quieras venderlo. Necesitas tener intimidad con tu producto o servicio hasta que se convierta en parte de ti.

Conocer el producto o servicio te facilita decirle a alguien cómo puede resolver sus problemas. Comprender a tu audiencia también es muy importante para contar los beneficios de los productos o servicios.

Debes saber que tu público está formado por diferentes personas de diferentes orígenes y diferentes obras de la vida.

Debes comprender que la solución que busca el Sr. A podría no ser la solución que busca el Sr. B. Como en el ejemplo de mi libro, un hombre puede querer usar su pasión para ganar dinero y otro puede querer usar la suya para obtener libertad.

Sin embargo, ambos tienen un problema en común que es sacar provecho de su pasión.

Entonces, si le digo al primer tipo que si compra mi libro no tendrá que volver a trabajar, es posible que no le interese.

Debido a que su interés es ganar dinero, es posible que no le importe si está trabajando mientras esté ganando el tipo de dinero que quiere, a menos que le diga que no tendría que volver a trabajar porque estaría ganando dinero.

. . .

Entonces, si quieres poder dar beneficios que llamen la atención de tu audiencia, debes comprender tu producto o servicio y entender tu audiencia también.

#2: Las personas compran a personas en las que confían.

Tu audiencia puede confiar en ti para darles buen contenido, pero es posible que no confíen en ti lo suficiente como para darte su dinero.

Incluso si tienes un espacio de oficina, donde tu audiencia puede venir y visitarte, aún necesitarás generar un nivel de confianza antes de que puedan desprenderse de su dinero.

Una forma de generar confianza con tu audiencia tanto en línea como fuera de línea en lo que respecta a las ventas es a través de testimonios.

La gente quiere saber la experiencia de las personas que han usado tu producto o servicio antes. Quieren saber si cumpliste tus promesas o fallaste.

. . .

Es por eso que la revisión y los testimonios son muy importantes porque si tienes la revisión incorrecta, la gente perderá la confianza en ti.

Obtener testimonios y reseñas es muy fácil, hablé de ello en el capítulo ocho de este libro. Su camino más seguro es su red de familiares y amigos.

En las ventas, tu captura de pantalla es una herramienta muy necesaria, siempre captura tus buenas críticas y testimonios y compártelos con tu audiencia:

Hacer esto le dará a tu audiencia cierta seguridad y creerán que, si la gente está comprando y hablando bien de tu producto, ellos también pueden probarlo y obtener el mismo valor. Esto sería muy fácil si ya tienes una relación con tu audiencia dándoles contenido gratis y valioso que les ha ayudado a resolver un problema u otro en el pasado.

#3: La gente compra el nombre

El capítulo cuatro de este libro hablaba de nombres y lo importantes que son. Entonces estaba escribiendo sobre nombrar tu marca.

Aquí se trata de tus productos. El nombre o título que le

das a tu producto tiene un impacto en el rendimiento de ventas de ese producto.

Lo primero que buscan las personas cuando ven su producto es el nombre. Por lo tanto, tu audiencia debe poder relacionarse con el nombre de tu producto. Por ejemplo, tengo pasión por el canto y debido a mi pasión, he detectado un problema entre cantantes.

El problema podría ser que los cantantes tengan dificultades para conseguir buenos profesionales que mezclen y produzcan sus canciones.

Ahora he empaquetado una solución a ese problema digamos que en un curso de video o un libro electrónico. ¿Cuál crees que debería ser el título del curso o del libro electrónico? Podría usar "El secreto para ser un mezclador profesional y producir tus canciones" u "Obtén profesionales para mezclar y producir tus canciones como un principiante en música"

Verás, esos títulos de arriba llamarían la atención de cualquier músico que tenga el problema de conseguir profesionales para mezclar y producir sus canciones.

. . .

Si acabo de dar el título "Hacer buena música", es posible que mi audiencia no se identifique bien con este título porque el título no se refiere a la solución de su problema.

#4: La gente compra el bombo publicitario

Si quieres vender ese producto entonces debes aprender a hablar siempre del producto. Canta tu alabanza sin parar.

Incluso antes de lanzar tu producto, invente algo exagerado, algo dramático o historias, podrías decirle a tu audiencia cómo surgió el producto.

El secreto es hacer creer a tu audiencia que el producto es todo lo que necesita para solucionar ese problema que tienen.

Podrías empezar a compartir los beneficios del producto uno tras otro. Para mí, uso historias para relatar los beneficios de mis productos.

Encuentro una historia que me ha sucedido antes o alguien que conozco, le cuento a mi audiencia la historia y presento mi producto como el héroe de la historia.

. . .

Por ejemplo, el mismo día que comencé a escribir este libro, también comencé a promocionarlo. Entré en mis plataformas de redes sociales y conté historias sobre este libro.

Incluso ofrecí una copia gratuita a las primeras 10 personas que mostraran interés en el libro.

Y obtuve más de 10 personas que indicaron interés cuando ni siquiera estaba seguro de poder terminar el libro.

Eso demostró que mi publicidad estaba funcionando, seguí hablando sobre el libro todos los días, y mientras lo hacía, algunas de las personas que habían mostrado interés me recordaban su copia gratuita.

Algunas personas ya estaban preguntando el precio del libro cuando lo lancé. Hice ventas incluso antes de terminar de escribir este libro.

Eso es para mostrarte lo importante que es exagerar para vender tu producto. Es muy importante que las grandes empresas gasten mucho dinero promocionando sus productos.

11

El Sistema De Libertad Total

Desde el capítulo uno de este libro, escribí sobre la mentalidad que cambia el juego, dije que muchas personas todavía tienen la mentalidad de empleado a pesar de los abucheos.

Lo que separó al inventor de los demás inventores de la bombilla fue su entendimiento de sistemas.

Si deseas obtener total libertad y mantenerte en la cima, debes comenzar a aprender y comprender el poder de los sistemas.

Las personas más ricas del mundo construyen sistemas. Todos los demás están capacitados para trabajar para los sistemas que crearon.

. . .

Con la información de este libro, puedes comenzar a ganar dinero con tu pasión, pero no quieres ser un esclavo de tu negocio.

Muchas personas son esclavas de su propio negocio, quieren ganar dinero para iniciar un negocio, pero tienen que trabajar diariamente en el negocio.

Si deseas generar una riqueza masiva, entonces necesitas comprender realmente cómo crear sistemas alrededor de tu negocio.

Se supone que un negocio funcione sin ti o con un pequeño esfuerzo de tu parte, esa es la libertad de la que estoy hablando.

Un sistema en el que puedes estar en cualquier lugar, haciendo lo que te encanta hacer con las personas que amas y sin embargo tu negocio sigue inyectando dinero en tu cuenta bancaria.

Para ganar total libertad necesitas construir un sistema, y este sistema es el que te mostraré en este capítulo.

#Automatización

. . .

La automatización es el uso de software, inteligencia artificial (IA) y otras herramientas digitales para automatizar tareas manuales que consumen mucho tiempo. Su objetivo es gestionar nuestras propias tareas diarias, semanales o mensuales.

La automatización mejora su negocio de varias maneras:
Aumenta la productividad y el rendimiento general.
Aumenta tu eficiencia.
Aumenta tu precisión y acelera tu proceso de ventas.
Asegura que tus contactos de ventas no se pierdan en la baraja.
Mejora la eficiencia de tus tareas comerciales.
Mejora la satisfacción del cliente mediante la reducción de tiempo de respuesta.
Asegura que los datos de ventas sean consistentes a lo largo de tu proceso de ventas.

#1: Tráfico

Para automatizar tu proceso de ventas, necesitas personas, mucha gente. Esto es lo que se conoce como tráfico.

El tráfico es una afluencia de personas a tu producto o tu negocio. Tu audiencia no será suficiente para seguir dándote dinero.

. . .

¿Qué sucede cuando todos los prospectos interesados han obtenido tu producto? ¿Creas un nuevo producto o consigues más personas que tienen el mismo problema y les vendes?

Recuerda cuanto más vendas más libertad financiera tienes y para vender más necesitas más gente.

Internet y las redes sociales han hecho que conseguir tráfico sea muy fácil. La red social del logo azul es uno de los lugares más poblados de Internet. Por lo tanto, es una muy buena fuente de generación de tráfico.

Deberías aprovechar el anuncio de esa red social para llegar a un público objetivo que tenga el problema para el que ofreces una solución.

No tienes que ser una persona experta en tecnología para hacer esto, puedes pagarle a alguien que sea un experto en esto para que lo haga por ti por una pequeña tarifa.

#2: Ofrece algo de valor

Ahora que tienes tu fuente de tráfico, debes ofrecerles algo para captar su atención.

. . .

Recuerda que estas personas no te conocen, a diferencia de tu audiencia que ya te conoce y tiene un nivel de confianza contigo.

Aquí no quieres solo a cualquiera, quieres gente que tenga interés en tu producto o servicio.

Este es el punto en el que debes proporcionar algo de valor a tus prospectos a cambio de su dirección de correo electrónico y/o número de teléfono.

Un lead magnet, como un libro electrónico gratuito o capacitación, es una manera eficiente de proporcionar algo de valor para atraer a tus prospectos.

#3: Cree una página de destino

Lo más probable es que los prospectos descubran acerca de tu negocio o producto por primera vez a través de una página de destino.

Aterrizarán en una página de destino si hacen clic en un anuncio, se unen a un seminario web o descargan un libro electrónico. Esa página debe expresar claramente quién eres como marca y qué te hace destacar (después de todo, esta podría ser la única oportunidad que tienes para sorprender a los prospectos).

Lo que es más importante, asegúrate de que la página de destino tenga un formulario para que lo completen los prospectos: deseas recopilar su dirección de correo electrónico para poder continuar interactuando con ellos.

#4: Comience a nutrir

Tus prospectos habrán pasado de la etapa de conciencia a la etapa de interés en este punto.

Además, debido a que tienes todas sus direcciones de correo electrónico de la página de destino, puedes configurar una serie de seguimiento de correo electrónico para compartir contenido educativo sobre tu producto.

Ten en cuenta que no tienes que enviarles ningún mensaje, todo lo que necesitas hacer es redactar los correos electrónicos que te gustaría enviar (recomiendo hasta 7 correos electrónicos).

Hay sistemas que se pueden utilizar para automatizar este proceso. Estos sistemas envían correos electrónicos a tus prospectos a intervalos de acuerdo a su horario. Se supone que estos correos electrónicos educan a tus prospectos sobre la solución que estás ofreciendo y por qué deberían comprar el producto.

#5: Venta adicional

A medida que los prospectos pasan a la etapa de decisión, deseas ofrecer cualquier cosa que pueda empujarlos en la dirección de una decisión de compra. Esto podría incluir una demostración del producto, una prueba gratuita extendida o un descuento especial.

#6: Continúa con eso

Durante la fase de acción, obtendrás nuevos clientes o sabrás por qué los prospectos no están interesados en comprar. En cualquier caso, mantén las líneas de comunicación abierta.

Concéntrate en la educación, el compromiso y la retención del producto para los nuevos consumidores. Crea una nueva serie enriquecedora para comunicarte con los prospectos que no hicieron una compra cada pocos meses.

. . .

Estrategia adicional para construir el sistema de libertad total:

Vender con copia de ventas

Una carta de ventas es un mensaje escrito destinado a convencer a los consumidores potenciales para que compren un producto o servicio.

El propósito de una carta de ventas es mostrarle al consumidor cómo su producto lo beneficiará. Cuando un consumidor considera satisfacer sus necesidades, está menos preocupado por la idea de una transacción comercial que podría conducir a una venta.

Un cliente potencial necesita una razón para comprar.

Una carta de ventas da esa razón y la respalda con ejemplos e información. Esto ayudará a vender al lector la idea del producto o servicio que ofrece una empresa.

Para aumentar sus posibilidades de hacer una venta, agrega los siguientes componentes en una carta de ventas.

. . .

1. Cree un titular que atraiga los intereses de tus clientes.

En una línea, dígales a los clientes potenciales lo que necesitan. Que sea memorable-posible es que esto es lo único que ven. Por ejemplo, "Cómo tener una piel clara que te hará brillar con remedios naturales".

2. Atrae al lector identificando lo que necesitas y por qué lo necesitas.

Abordar los requisitos tácitos de los prospectos de ventas puede ayudarlos a conectarse con tu producto. Tu consumidor potencial prestará más atención a tus palabras si puedes explicar por qué este producto o servicio los beneficiará.

Por ejemplo, podrías hacer una pregunta, hacer una promesa o contar una historia. Cualquier cosa solo para mantenerlos leyendo.

3. Incluye viñetas con información clave.

Una lista con viñetas ayudará a los lectores a ver la información que deseas resaltar. Usa esta lista para desarrollar tu título y tus ganchos.

Ejemplo: ofrecemos tres formas de aumentar las ventas a través de la participación en línea.

- Producimos contenido relevante que atrae a los lectores.
- Usamos un 20% más de temas enfocados en SEO que la agencia de marketing digital promedio.
- Nuestras páginas web optimizadas rastrean los clics y le envían informes personalizados diarios, semanales y mensuales.Utilizar estadísticas o testimonios.

4. El valor de tu producto debe mostrarse en una carta de ventas.

Incluye testimonios y estadísticas en tus viñetas para que los lectores puedan notar inmediatamente información importante que les ayudará a comprar tu producto.

Considera el siguiente ejemplo: "Descubrí que el análisis de 'la empresa X' fue realmente útil cuando comencé a usarlo. Me mostró dónde hacía clic la gente en mi página, para que pudiera ver cuáles de mis productos recibían la mayor atención".

5. Haz un llamado a la acción para tus lectores.

Tus lectores deben inspirarse para ir más allá de la página y actuar para aprovechar tu oferta. En tu carta, ayúdalos ofreciendo un paso claro y factible.

. . .

Ejemplo: ingresa tu correo electrónico y número de teléfono a continuación, y le enviaremos un libro electrónico gratuito sobre el producto ABC.

6. Ofrezca algo al cliente que sea limitado en tiempo o cantidad.

Una técnica de ventas efectiva es aumentar la inmediatez o hacer que la necesidad se sienta mayor para un cliente potencial introduciendo una línea de tiempo para un trato.

Esta técnica también se utiliza limitando el número de artículos disponibles para la oferta. Dándole al consumidor un marco de tiempo para tomar acción es más motivador en este tipo de argumento de venta.

7. Usa una posdata (p.d.) para agregar una garantía o una dirección personal.

Otro método para conectarte con los clientes y hacer que tu carta se sienta más personal es incluir una posdata. También es otra forma escanearle de enfatizar tu oferta.

PD: Espero que aproveche esta oportunidad para aumentar su tráfico orgánico y sus ventas. Nuestra misión es ayudar a empresas como la suya a prosperar.

. . .

Considera estas sugerencias para mejorar el contenido de tu carta de ventas a medida que la escribes.

- Utiliza un lenguaje conversacional. Suena más humano cuando utilizas oraciones y párrafos breves y concisos. Los clientes se identificarán más fácilmente con tu contenido si utilizas un tono natural en lugar de un argumento de venta.
- Tener en mente al consumidor en todo momento. Escribe con la perspectiva de lo que quieres escuchar como consumidor. Asegúrate de responder a la pregunta: "¿Qué hay para mí?" con tus palabras.
- Organiza tu información. Asegúrate de que tus pensamientos fluyan sin problemas de principio a fin. Se debe incluir una introducción, un cuerpo y una conclusión.
- En tu carta: incluye gráficos llamativos. Además del contenido escrito, el diseño gráfico de tu carta es bastante significativo. Uno debe ser una buena combinación para el otro. Mantén tus diseños mínimos y relevantes para tu audiencia.

Consejos Para Vivir De Tu Pasión

Hemos estado hablando a lo largo de todo el libro de la manera en que puedes vivir de tu pasión, en este capítulo quiero dejarte algunos consejos básicos que pueden hacerte comprender de una manera más fácil todo lo que te he estado diciendo a lo largo del libro. Recuerda que vivir de tu pasión está en ti, es momento de dejar a un lado los pretextos, es momento de empezar a actuar y a construir la vida y el trabajo de tus sueños.

¿Qué implica vivir de tu pasión?

Vivir de tu pasión implica dedicarte a lo que amas, y que esto sea redituable. No necesariamente significa que debas tener tu propio negocio, pero sí que lo que hagas, lo hagas con pasión.

. . .

También creo que vivir de tu pasión implica sentir una satisfacción personal en tu día a día, saber que lo que estás haciendo cada día te está ayudando a construir la vida de tus sueños.

Si estás leyendo esto es porque seguramente sabes que hay algo que te mueres por hacer y estás pensando en dar el siguiente paso, si es así, primero debo felicitarte pues hay muchas personas que no han descubierto su pasión y lo siguiente es decirte que tú puedes lograrlo, sólo recuerda poner todo tu corazón y ser constante.

¿Qué debes tener en mente para lograr vivir de tu pasión?

Para lograr la vida que deseas, debes creer en ti, creo que ese es el punto más importante. Creer en ti y dar lo mejor de ti es vital para lograr tu proyecto de vida. Siempre es bueno pedir consejos y opiniones, pero no dudes de tu instinto. El secreto está en creer en ti.

Una sugerencia es que evites compararte, algunas personas rápidamente logran alcanzar sus metas y a otras nos puede tomar un poco más de tiempo, pero disfruta y aprende de cada etapa. Además, siempre puedes reinventarte.

· · ·

Vivir de tu pasión muchas veces requiere de paciencia, así que se amable contigo, no te desesperes y no dejes de creer en tus sueños. Si en algún punto las cosas se vuelven difíciles, te invito a que reflexiones sobre lo que esa situación tiene para enseñarte.

Construir la vida de nuestros sueños toma tiempo, así que sé auténtica, piensa realmente en lo que quieres conseguir y en lo que estás dispuesta a sacrificar, muchas veces hacer lo que nos apasiona implica dedicar muchas horas al trabajo, sacrificar reuniones con amigas, o ir de compras, construir la vida de tus sueños, implica un compromiso personal. ¿Estás dispuesto a lograrlo?

15 consejos para vivir de tu pasión:

#1: Empieza ya.

Deja de ponerte pretextos, si realmente quieres vivir de tu pasión, es momento de empezar a actuar. Sé que muchas veces el miedo nos frena, y empezamos a poner excusas…

La recomendación es empezar lo antes posible, en el camino tienes mucho que aprender y mucho por poner en práctica, así que cuanto antes mejor.

· · ·

Y esto no significa que dejes todo de golpe, pero sí que des el primer paso. Todo comienza con el primer paso.

#2 Desarrolla tu idea.

¿Cuál es tu pasión? ¿Cómo harás que ésta se vuelva rentable?

Vivir de tu pasión implica que quieres dedicarte a hacer algo que amas y que puedas vivir de ello.

Aterriza bien tu idea. ¿Por qué quieres hacer esto? ¿A quién puedes ayudar? Y creo que también vale la pena que te preguntes ¿Para qué quieres hacer esto?

Piensa todo lo que implica dedicarte a tu pasión, ¿Cuánto tiempo puedes dedicarle? ¿Necesitas recursos económicos para empezar? ¿Conoces a alguien que pueda guiarte? ¿Necesitas personal o alguien que te ayude?

#3 Fija objetivos y cúmplelos.

Ya que has aterrizado tu idea creo que el siguiente paso sería fijarte objetivos y cumplirlos. Sé realista, plantea objetivos que realmente puedas cumplir, sino terminarás frustrándote.

Recuerda que vivir de tu pasión implica comprometerse al 100% con hacer lo que amas, así que ponte objetivos realistas y comienza a actuar.

#4 Crea tu plan de negocios.

Un plan de negocios es una pequeña guía qué te ayudará a aterrizar tu idea y a darle sentido a tu negocio y determinar la viabilidad de tu proyecto.
Este plan es vital si estás pensando en crear tu propio negocio.

Vivir de tu pasión no implica necesariamente crear tu propia empresa, sin embargo, nunca está de más tener un plan de acción y evaluar todas las posibilidades de crecimiento.

#5 Si vas a crear un producto, asegúrate que sea de buena calidad.

Si estás pensando en desarrollar un producto la calidad es fundamental, para mí la calidad es algo vital, en cada fotografía me esfuerzo para obtener el mejor resultado, pues creo que eso es lo que mis clientes se merecen.

La calidad les brinda una satisfacción a los clientes, a final de cuentas, si quieres vivir de tu pasión debes dar lo mejor de ti. La calidad no es opcional.

#6 Define a tu cliente ideal.

¿Quién es tu cliente ideal? Cuando estamos empezando con un nuevo proyecto o negocio, es muy importante definir a quién nos dirigimos, es decir, definir nuestro cliente ideal. Conocer a tu cliente ideal implica conocer sus necesidades, sus miedos, sus gustos, sus motivaciones, etc.

Para esto te sugiero crear un cliente persona, es decir, crear una representación ficticia de tu cliente ideal y lo puedes hacer definiendo estos puntos: Edad, sexo, ubicación, costumbres, creencias, comportamientos, intereses, lugares que frecuenta, a qué se dedica, dónde compra. Esto te ayudará muchísimo para poder acercarte a ellos, darte a conocer y fortalecer tu relación con tus posibles clientes.

#7 Realiza un estudio de mercado.

Si estás pensando en crear un negocio, debes hacer un estudio de mercado, éste te ayudará a conocer los gustos de tus posibles clientes, el tamaño del mercado, los productos que más puedan interesarles y cuánto están dispuestos a pagar por ellos.

El estudio de mercado te ayuda a tener una idea más realista sobre la viabilidad de tu proyecto, y también te ayuda a conocer nuevas ideas de productos que puedan interesar a los clientes.

Esto me parece muy importante pues nos ayuda a tener una visión más amplia de lo que podemos llegar a hacer.

#8 Se constante.

Ser constante es clave para lograr cualquier cosa que te propongas en la vida, ser constante implica poner tu corazón día con día en lo que haces y no darte por vencida.

Implica tener metas claras y definidas, implica ser responsable, implica creer en ti y creer en tu proyecto.

#9 Invierte en conocimiento.

El conocimiento es súper valioso, cuando inviertes en cursos o capacitaciones estás invirtiendo en ti, si hay algún área en la que sientes que necesitas capacitarte, no lo dudes, invierte en ello. La información vale oro.

#10 Promoción.

Alguna vez leí una frase que decía "Talento que no se ve, se pierde", creo que esto puede aplicar en tantas cosas, pero hablando sobre vivir de tu pasión, quiero invitarte a compartir lo que estás haciendo.

La promoción es una herramienta fundamental del marketing y es por eso que quiero invitarte a promocionar tu negocio, tus productos o servicios, y se trata de dar a conocer tu marca y posicionarla en el mercado.

Promociona tu nuevo proyecto, háblale al mundo entero de tu idea y tus productos, la promoción te ayudará a generar un mayor alcance, llegar a personas que no conoces.

Aprovecha las redes sociales para llegar a más personas.

Cuéntale al mundo lo que estás haciendo, comparte los beneficios de tus productos o servicios. Comparte y refuerza tu marca personal.

Comparte, comparte y comparte. La visibilidad es fundamental para el éxito de cualquier proyecto, y no se trata de que el mundo entero te conozca, se trata de llegarle a tu cliente ideal.

. . .

#11 Administra tus tiempos.

El tiempo es oro, parte de querer vivir de tu pasión implica que deseas invertir tu tiempo en algo que amas y que te apasiona.

Administrar tu tiempo es vital para sacar adelante tu proyecto.

Antes hablábamos de ser realistas con nuestros objetivos, el ser realista aplica también en administrar nuestros tiempos. Te sugiero poner pequeños objetivos diarios que puedas ir cumpliendo. Bloquea el tiempo que sabes que no puedes destinar al trabajo, y también ponte horarios fijos para trabajar en tu proyecto sin que nada te distraiga.

#12 Comparte tu conocimiento y ayuda a los demás.

Creo que cuando empiezas a vivir de lo que te apasiona hay muchos aprendizajes y hay muchas personas que te ayudan en el camino, creo que siempre es bueno regresar un poquito de eso al mundo.

Además, ayudar a los demás es algo muy gratificante. No tienes que compartir todos tus secretos, pero sí esas cosas valiosas que te han ayudado a salir adelante, las personas te lo agradecerán.

. . .

#13 **Rodéate de personas que también vivan de su pasión.**

Cuando nos decidimos a vivir de nuestra pasión, una parte de nosotros se transforma, y de pronto nos encontramos en una increíble etapa de crecimiento y desarrollo personal.

Recomiendo ampliamente rodearse de personas que tengan una visión similar a la tuya, con quienes puedas platicar de tus experiencias, a quienes puedas pedirles consejos y que puedan aportar cosas nuevas.

Vivir de tu pasión implica un gran compromiso personal, un aprendizaje continuo y mucho amor y dedicación. Habrá momentos de frustración, no todo será color de rosa, muchas personas pasan por lo mismo, así que siempre es bueno tener alguien con quién compartir todas estas vivencias.

No tengas miedo a pedir ayuda o consejos, muchas veces otras personas me han dado consejos súper valiosos que me han ayudado a resolver situaciones o conflictos. Esos consejos son muy valiosos, siempre se agradecida.

#14 **No te desanimes.**

La vida está llena de altibajos, algunas veces el proceso puede parecer lento o puedes sentirte perdida y sin rumbo, no te desanimes, sigue adelante, se constante, lucha por tu sueño.

Al final valdrá la pena.

#15 Cree en ti.

Nuevamente lo repito, el secreto está en creer en ti. Si realmente quieres algo, puedes conseguirlo.

Lo que nadie te dice de vivir de tu pasión:

Vivir de tu pasión no siempre es color de rosa, hay mucho por aprender, así que también quiero compartirte algunas cosas que implica el vivir de tu pasión.

Requiere mucho esfuerzo.

Pareciera que hacer lo que amas es muy sencillo y todo se dará muy fácilmente, permíteme decirte que conseguir la vida de tus sueños y vivir de tu pasión, implica tiempo y esfuerzo, lo bueno es que estarás haciendo lo que te gusta.

Aprovecha toda tu motivación para dar tu cien a tu proyecto.

. . .

Verás que las horas son más bonitas cuando haces lo que te gusta.

Vives en constante aprendizaje.

Cuando crees que ya lo sabes todo, algo cambia y entonces hay que aprender muchas cosas.

Como fotógrafa me ha tocado aprender, además de fotografía, temas de negocios, contabilidad, mercadotecnia, psicología, asesoría de imagen, redes sociales, entre muchas otras cosas.

Siempre hay algo que aprender, pero es muy satisfactorio ver el crecimiento personal.

Debes adaptarte al cambio.

Cuando empezamos con un nuevo proyecto tenemos muchas ideas de cómo será todo...

Sin embargo, no todo siempre sale de acuerdo al plan, así que debes estar preparada para afrontar los cambios y los tiempos de la vida.

. . .

Cuida tus finanzas.

Muchas personas creen que, al empezar con tu nuevo proyecto de vida, tus ingresos se disparan de inmediato, esto puede variar mucho dependiendo a lo que te dediques, pero yo recomiendo que tengas finanzas sanas.

Vale mucho la pena tener un capital inicial que te permita crecer tu negocio y recomiendo, contemplar imprevistos que puedan surgir en el camino.

Muchas veces cuando estamos iniciando es muy importante, invertir y reinvertir para que nuestro proyecto crezca y las ganancias pueden tardar un poco en llegar. Así que cuida tus finanzas y las finanzas de tu proyecto.

Emprender es de valientes.

Empezar a construir nuestro proyecto de vida implica mucha valentía, implica dejar el miedo a un lado y empezar a sentirnos seguros de nosotros mismos y de nuestros sueños.

. . .

Vivir de tu pasión es algo increíble, es un recorrido lleno de aprendizaje y crecimiento personal, quiero decirte que puedes lograr todo lo que te propongas, lo único que debes hacer es creer en ti.

Sueña en grande.

Ahora te dejaré por aquí 9 consejos para que seas una persona más productiva, eso es algo básico para poder empezar a vivir de tu pasión:

#1 **Crea listas.**
Muchas veces tenemos mil pendientes en la cabeza y vamos realizando las actividades conforme van surgiendo y de pronto nos damos cuenta que olvidamos hacer algo importante, es por esto que te recomendamos crear listas de tareas.

La sugerencia es crear listas diarias con las tareas más importantes de tu día y también puedes agregar algunas tareas secundarias. Trata de priorizar tus actividades más importantes y asígnales un horario específico.

#2 **Escribe notas y recordatorios**
¿Te ha pasado que de pronto tienes una gran idea, pero horas más tarde ya no recuerdas qué era?

. . .

Creemos que es algo que a todos nos pasa, es por esto que recomendamos siempre escribir notas, así no olvidarás nada.

La recomendación es usar la app de notas del celular.

Pero cuando se trata de agendar algún evento, te recomendamos mejor usar la agenda del celular para que te mande una alerta (tú puedes programar con cuanta anticipación quieres el recordatorio).

#3 Haz una cosa a la vez
No hagas multitasking si no puedes dominarlo. Si quieres optimizar tus tiempos, la recomendación es que te centres en una tarea a la vez. Asigna un horario para cada actividad.

Otra recomendación es que cuando necesites concentrarte en una actividad, pongas el teléfono en no molestar, el teléfono es un gran distractor y muchas veces nos quita mucho tiempo.

#4 Crea un menú semanal.
Sabemos que tienes muchas actividades a lo largo de la

semana y seamos realistas, cocinar toma tiempo, pensar qué vas a preparar hoy, también te quita tiempo.

Es por esto que te sugerimos previamente planear el menú de la semana. De esta manera ya sabrás que vas a comer cada día, tendrás tiempo para comprar previamente todos los insumos y no descuides tu alimentación.

#5 Comienza por hacer lo que menos te gusta.
Creemos que en los quehaceres diarios hay ciertas cosas que no te encanta hacer, pero que no se harán solas, inevitablemente tendrás que realizarlas, es por esto que te recomendamos hacerlas lo más pronto posible.

Trata de hacerlas rápidamente y después aprovecha el resto del día para realizar todas las actividades que sí disfrutas.

Dejar las tareas que no nos gustan para el final de la jornada, sólo te generará pesadez.

#6 Crea una rutina.
Todos tenemos actividades que se repiten cada semana, es por esto que recomendamos crear una rutina, en la que incluyas todas estas actividades semanales y les asignes un tiempo especial a cada una.

. . .

Si estructuras bien tu semana puedes diseñar de forma que tengas tiempo para ti, para el trabajo, para el hogar y para la familia. Pero para que esto realmente funcione debes cumplir con tus horarios.

Sabemos que siempre pueden surgir imprevistos, pero no permitas que estos descompongan toda tu planeación.

#7 Prepara el día siguiente.
La noche anterior piensa en todo lo que necesitas tener listo en la mañana, trata de adelantar las tareas para que puedas comenzar el día más relajada.

Puede que parezca que esto solo te ahorrará unos minutos del día, pero en realidad es muy bueno para empezar la mañana con más energía y sin estrés de las pequeñas decisiones.

Pequeñas tareas que puedes planear desde el día anterior: dejar lista la ropa que vas a usar, saber qué vas a desayunar, dejar listo tu portafolio, etc.

#8 Delega los trabajos del hogar y del trabajo.
Aprender a delegar es algo que te ayudará a vivir tu vida mucho más relajada, y además cuando delegas le enseñas a otras personas a ser más responsables.

Delega las tareas del hogar con tu pareja y tus niños, es importante que al delegar las tareas pienses en que puedan realmente desarrollarlas.

#9 Ten un tiempo y espacio para ti.

Utiliza, aunque sean 15 minutos de tu día, para hacer algo para ti. Puedes tener una vida más organizada, pero si te descuidas no sirve de nada. El punto de llevar una vida más equilibrada es que también puedas hacerte un espacio para ti.

No olvides que, si tú no estás bien, nada está bien, así que procura ver por ti y no sólo por los que te rodean.

13

¿Cómo Creer En Ti Mismo?

La autoconfianza se parece un poco al agua que corre por las tuberías de tu casa. Quizá no conozcas todos los detalles de cómo funciona o de dónde viene, pero es penosamente obvio cuando no hay. Al igual que cuando te cortan el agua, la falta de confianza en ti mismo tiene un enorme impacto negativo en tu salud y estilo de vida. Afortunadamente, hay cosas que puedes hacer para aumentarla.

¿Qué es la confianza?

En la jerga coloquial, la autoconfianza suele confundirse con la autoestima, y se traslapa con el término menos conocido de "autoeficacia". Sin embargo, la psicología da a cada una de estas palabras una definición específica. Es útil saber distinguirlas:

- Autoeficacia: este término, según lo define un psicólogo canadiense-estadounidense, se refiere a la creencia en tu capacidad de poder lograr ciertas tareas específicas.

Si crees que eres capaz de cocinar la cena o terminar un proyecto, entonces tienes una autoeficacia alta. La gente con poca autoeficacia generalmente se esfuerza menos en una tarea si no cree que podrá cumplirla, lo cual aumenta la probabilidad de fracaso.

• Autoconfianza: en contraste, de acuerdo con el mismo psicólogo, la autoconfianza, o confianza en uno mismo, es más bien una visión general de cuán probable es que cumplas una meta, sobre todo con base en tu experiencia pasada. Cuando pasas tiempo practicando en el piano, aumenta tu confianza en tu habilidad para tocar. Esto también es aplicable a cuán probable crees que sea que te acepten en un grupo social. Si se han burlado de ti debido a tu diplomado en técnicas de cestería prehispánica submarina, quizá la próxima vez te sientas intimidado al compartir ese dato con más personas. Tanto la autoconfianza como la autoeficacia están basadas en la experiencia, pero la autoconfianza refleja una visión más amplia de ti mismo, más que solo tu confianza al realizar tareas específicas.

• Autoestima: el término que más suele confundirse con la autoconfianza es probablemente el más distinto. La autoestima se refiere a cómo percibes tu valía en general. Afirmaciones generalizadoras como "Soy una buena persona" entran en esta categoría. La autoestima es uno de los niveles de la jerarquía de necesidades de Maslow, y las mejorías en la autoconfianza contribuyen a reforzar tu autoestima, un concepto más amplio.

. . .

Estos conceptos se traslapan, y los psicólogos no concuerdan sobre dónde trazar la línea divisoria entre cada uno. Puedes tener suficiente confianza para creer que eres capaz de aprender un juego nuevo, por ejemplo, y a la vez te puede faltar autoeficacia para creer que serás bueno desde el principio.

Del mismo modo, a lo mejor no tienes absolutamente nada de confianza en tu habilidad para cocinar, pero sí crees que eres una buena persona que merece ser amada.

Una confianza alta lleva a más oportunidades para mejorar

La autoconfianza es tu convicción de cuán bueno eres para algo, pero no es una medición de tu verdadera habilidad.

¿Entonces por qué importa que creas en ti mismo? De acuerdo con un autor estadounidense de libros sobre autoayuda y fundador de un canal de internet con 2,7 millones de suscriptores que lleva el mismo nombre, la confianza no solo te ayuda a sentirte mejor, sino que también te ayuda a tomar riesgos para hacer mejoras tangibles en tu vida.

"Internamente, la verdadera autoconfianza producirá mayor positividad, felicidad y resiliencia", dijo el autor. "De manera externa, una autoconfianza alta te hará tomar mayores riesgos, lo cual se correlaciona directamente con obtener más recompensas".

El departamento de Psicología de la Universidad de Oxford lo expresa de otra manera: "Si la persona carece de confianza, no habrá acción. Por eso a veces se hace referencia a la falta de confianza como una 'duda paralizadora'. En ocasiones la duda merma el esfuerzo antes de que una acción comience o mientras se está realizando".

Si crees que puedes obtener tu empleo soñado, y lo solicitas, entonces existe la posibilidad, aunque sea muy remota, de que así sea. Si no crees que lo conseguirás, y no lo solicitas, está garantizado que no lo obtendrás. La autoconfianza no te vuelve bueno en lo que haces por arte de magia, pero sí te prepara para tomar los riesgos necesarios a fin de cumplir tus metas.

¿Cómo mejorar tu autoconfianza?

Si construir tu autoconfianza es cuestión de cambiar tus creencias sobre ti mismo, entonces se requerirá de esfuerzo. Puedes decirte frente al espejo todos los días: "Soy lo suficientemente bueno, lo suficientemente listo y ¡vaya que le agrado a la gente!", y no te hará mal, pero hay otras maneras más prácticas y eficaces de adquirir mayor confianza en ti mismo.

. . .

Sé 'hiperhonesto' contigo mismo

El mismo autor sugiere ser "hiperhonesto" contigo mismo como una forma sencilla y cotidiana de ejercitar tu autoconfianza.

Por ejemplo, supongamos que alguien te pregunta qué haces para divertirte y a qué te dedicas. Si te das cuenta de que te contienes o escondes algo, evalúa eso. Es una indicación de que debes dejar de hacer esa actividad o, más probablemente, de que debes aceptar esa parte de ti mismo y mostrarte orgulloso.

Esto no quiere decir que tienes que compartir cada parte de tu personalidad con todas las personas que conozcas. Puedes compartir tus pasatiempos ñoños con tus amigos ñoños y en el trabajo hablar solo de temas laborales. Sin embargo, puedes encontrar a alguien con quien compartir más sobre ti. Cuando dejas de esconder partes de ti mismo de los demás, te das cuenta de que te sientes más seguro al ser quién eres.

Empieza a hacer ejercicio

Mucha gente comienza a hacer ejercicio para perder peso o ganar músculo, pero el ejercicio también puede impulsar mucho tu autoconfianza. La Asociación Americana de Psicología ha notado que el ejercicio mejora el estado de ánimo y, junto con terapia y tratamientos constantes, ayuda a combatir la depresión y la ansiedad. También puede ayudar a mejorar tu confianza si lo sigues haciendo durante un tiempo. Hacer ejercicio de manera constante requiere de un cierto compromiso, y mantener dicho compromiso es un logro. No desistir de un hábito nuevo y saludable no solo te hace adquirir mayor confianza, sino que además te permite ver mejoras físicas en tu cuerpo y salud a la larga.

Intenta hacer cosas que te incomoden

Salir de tu zona de confort es incómodo, como es de esperarse.

Los expertos afirman que ese es el punto.

A fin de cuentas, la confianza se trata de sentirse cómodo en diversas situaciones en las que la mayoría de la gente se sentiría incómoda", dijo.

"Por lo que, si a diario expandes los límites de tu zona de confort, al poco tiempo esta se volverá más grande y estarás cómodo incluso fuera de ella".

· · ·

Esto puede incluir cambios muy desafiantes, como aceptar un nuevo empleo o enfrentarte a alguien que sueles evitar. Pero también puede significar hacer cambios más pequeños, como entablar una conversación con un desconocido, si eres una persona tímida, o probar un platillo nuevo. De acuerdo con ellos, es más importante que amplíes tu zona de confort un poco con regularidad, en lugar de que te lances a lo profundo de manera ocasional.

Prueba una nueva imagen

La manera en que te vistes afecta cómo te perciben los demás, pero también puede alterar cómo te ves a ti mismo. Usar ropa diferente puede influir para que te comportes o pienses de otra manera. Este efecto no se limita a sentirte bien contigo mismo.

Un profesor de la Escuela de Administración Kellogg en la Universidad Northwestern, encontró que los participantes en un estudio que usaban una bata blanca de laboratorio demostraron mayor concentración.

En otras palabras, cuando la gente se vestía como médico, se comportaba más como tal, o al menos como pensaba que un doctor debía comportarse. Si quieres tener mayor confianza, vístete como lo haría tu otro yo, ese que es más seguro de sí mismo.

Desafía tu síndrome del impostor

El síndrome del impostor es un cruel error de la mente que te convence de que tus logros no cuentan realmente y que la gente se dará cuenta de que eres un fraude. Esta duda se arraiga porque es más fácil recordar los errores que los éxitos.

Acostúmbrate a siempre escribir o reflexionar sobre las veces en que has hecho algo bien. Es más fácil sentirte seguro de tus habilidades si las recuerdas.

Cambia tu postura

Al igual que sucede con la manera en que te vistes, tu postura puede afectar cómo te sientes contigo mismo. Si bien al inicio quizá te parezca un poco tonto (acuérdate de ese consejo de salir de tu zona de confort), probar posturas que te empoderen contribuye a ajustar tu estado mental. Una investigación de la Universidad Estatal de Ohio indica que algo tan simple como sentarte derecho a veces te da mayor confianza en lo que estás haciendo.

Evita la trampa de la arrogancia

. . .

Conforme empiezas a expresarte de manera más segura, es natural preocuparte de que te puedas volver una persona arrogante en el proceso. Sin embargo, de acuerdo con un psicólogo estadounidense, la arrogancia no es confianza fuera de control.

La arrogancia es más bien resultado de la inseguridad y no de una autoconfianza excesiva. La confianza se satisface por sí sola, mientras que la arrogancia requiere de validación externa para que la persona se sienta bien. Por eso hay gente que presume para obtener el reconocimiento de los demás. Alguien con una auténtica autoconfianza es capaz de ser asertivo y defenderse, pero es poco probable que adopte un tono que a los demás les parezca arrogante. Curiosamente, la mejor defensa ante la arrogancia es desarrollar una verdadera autoconfianza.

Si empiezas a dudar de ti mismo, te tomará tiempo sentir que estás en el lugar correcto. Mientras tanto, tu propia duda arraigada tal vez intente decirte que el sentirte bien contigo mismo o ser firme en realidad es arrogancia. Reconocer que esto es un síntoma de inseguridad (y que estar consciente del síntoma es una manera de vacunarte contra él) podría ayudarte a superar el momento.

14

Casos De Éxito

1. El mejor jugador de básquetbol del mundo

CON SUS 1,98 metros de altura, fue un tenaz defensor, un excelente anotador y un pasador rápido e imaginativo; pero mucho más llamativa era aún su extraordinaria habilidad para saltar y las acrobáticas maniobras que utilizaba para esquivar la defensa rival y llegar a la canasta. Parecía capaz de permanecer por unos instantes suspendido en el aire; tal facultad o «don del cielo» -nunca mejor dicho- le valió el sobrenombre de Air Jordan.

Como tantos otros jugadores de la NBA, dio sus primeros pasos en la liga universitaria. En 1981 ingresó en el equipo de la Universidad de Carolina del Norte, y dos años después era ya elegido mejor jugador de la temporada universitaria, distinción que recibió de nuevo en 1984.

. . .

En el verano de 1984, ya era conocido en Estados Unidos con el apodo de «he can do it all» (puede hacerlo todo), formó parte de una de las mejores selecciones norteamericanas de baloncesto que, bajo la dirección del entrenador de la Universidad de Indiana, se alzó con la medalla de oro en los Juegos Olímpicos de Los Ángeles (1984), tras batir en la final a la selección de España. El quinteto estadounidense arrolló a todos sus rivales, con lo que el talento de este jugador comenzó a brillar en todo el mundo.

El 6 de octubre de 1993, anunció que se retiraba del baloncesto, alegando que ya no disfrutaba jugar como antes. Además, la muerte de su padre en julio influyó mucho en su decisión. Tras su retirada del baloncesto, sorprendió al mundo del deporte firmando un contrato con los Chicago White Sox, un equipo de béisbol de la Major League Baseball que competía en la Liga Americana. Según, el motivo de comenzar a jugar al béisbol era por una promesa que hizo con su padre, recién fallecido. Él comenzó a entrenar en verano y el 31 de marzo de 1994 fue asignado al equipo.

Los Chicago White Sox eran otro equipo propiedad del mismo dueño de los Chicago Bulls, quien continuó pagando el contrato baloncestístico de Jordan durante sus dos años dedicados al béisbol. Él formó parte de los Chicago White Sox en ligas menores con los Birmingham Barons, equipo afiliado a los White Sox. Su carrera en este segundo equipo no fue nada destacado y pronto decidió colgar el bate para regresar a la NBA.

. . .

Y se llega a la conclusión de que no hizo algo destacado en su etapa del baseball porque al final no era lo que él quería, ni era algo que le apasionaba, tal vez le gustaba, pero no era suficiente para poderle meter toda la energía y todo el talento que al basquetbol le dio. Pero definitivamente claro que tenía una pasión y era el basquetbol y vivió por muchos años de ese deporte, pero solo porque de verdad le encantaba, amaba su deporte y por eso llegó a ser el mejor jugador en la historia.

El Niño de Oro

Jugador de fútbol mexicano, sin duda uno de los mejores del deporte rey de los 80. A la edad de catorce años el jugador conocido como Pichichi entró ya a formar de la selección mexicana para los juegos olímpicos y ganó el torneo de la CONCACAF. En 1976 fichó por la formación juvenil de la Universidad Nacional Autónoma de México (UNAM), equipo en el que estuvo hasta el año 1981. También tomó parte en los Juegos Olímpicos de Montreal (Canadá) de 1976, en los cuales coincidió con su hermana (gimnasta olímpica).

Fue goleador y figura del Real Madrid en la segunda mitad de la década de los años 1980, donde fue integrante de la «Quinta del Buitre», club en el cual destacaron sus diez títulos conseguidos, cuatro Trofeos Pichichi al máximo goleador de liga, una Bota de Oro, y dos Premio Don

Balón. Al momento de su retirada era el cuarto máximo goleador histórico del club con 208 goles. Con 516 anotaciones en 883 encuentros oficiales, es el futbolista mexicano con más goles en partidos oficiales de la historia. Celebraba sus numerosos goles dando una acrobática voltereta de paloma, la cual hacía en homenaje a su hermana gimnasta. En 2019 la revista inglesa Four Four Two lo incluyó entre los 100 mejores futbolistas de la historia del fútbol ubicándolo en la posición 82.

Debido a sus goles, logros y trayectoria, fue incluido por la FIFA en el salón de la fama del fútbol en 2011. Es licenciado en odontología por la Universidad Nacional Autónoma de México, a pesar de eso su pasión siempre estuvo en el fútbol, ingreso a las fuerzas básicas de la UNAM a los 11 años, desde esa edad sabía lo que quería para el resto de su vida. Y aun después de retirarse se volvió entrenador del mismo deporte.

Empezó como director técnico en el equipo de los Pumas de la UNAM, debutando el 26 de marzo del año 2000 durante la fecha 11 del torneo Verano 2000, con una victoria 3-0 sobre el Necaxa, partido celebrado en el estadio Olímpico de Ciudad Universitaria; ese torneo, levantó al equipo llevándolos a semifinales. Fue cesado en la siguiente temporada por conflictos con la directiva.

. . .

Regresó a los Pumas en invierno 2001, llevándolos a dos rondas semifinales consecutivas en verano 2002 y Apertura 2002, en ambos casos ocupando la tercera posición de la tabla general. El 4 de febrero de 2003, con una derrota 2-3 ante Gremio de Porto Alegre, debuta en la Copa Libertadores 2003, torneo en el que lograron el pase a octavos de final, siendo eliminado por el Cobreloa de Chile.

En pocos años, ganó prestigio al conducir a los Pumas de la UNAM al Bicampeonato de liga, ganando los torneos Clausura 2004 al vencer por penales 5-4 (marcador global 1-1) al Guadalajara el 13 de junio de 2004, jugando como local en CU; y Apertura 2004 tras un global de 3-1 a Monterrey.

Otra confirmación de que el haberse dedicado al futbol fue lo mejor que pudo haber hecho, aun teniendo una carrera universitaria la cual nunca la puso en práctica.

Uno de los mejores tenistas de todos los tiempos

Tenista suizo, nació el 8 de agosto de 1981 a orillas del Rin, en la capital del cantón de Basilea, en la marca que separa Suiza de Alemania. Creció empero en un entorno de ganaderos y agricultores, en las afueras de Basilea. De ahí que sea un tipo sencillo, que no se siente a gusto entre ejecutivos con traje y maletín.

. . .

Hasta la fecha, ha sido ganador de 20 torneos de Grand Slam, cifra que lo ubica en segundo lugar en el palmarés. Ha conseguido vencer el Abierto de Australia en seis ocasiones, el Torneo de Roland Garros en una ocasión, el Campeonato de Wimbledon en ocho ocasiones (siendo el tenista que más veces lo ha conseguido en toda la historia) y el Abierto de Estados Unidos en cinco ocasiones. Ha logrado conquistar en seis ocasiones el ATP Finals, lo que le convierte en el jugador más exitoso de la historia del torneo.

Hasta la fecha, ocupa la segunda posición en la lista de jugadores con más títulos ATP con 103. Asimismo, es el tenista con más títulos y victorias en pista dura (71 y 783) y en hierba (19 y 192) y el segundo tenista con más títulos conseguidos outdoor (77) de la Era Abierta. Adicionalmente, es el tenista que más títulos ATP Tour 500 ha logrado, con 24, y el segundo tenista con más títulos ATP Tour 250, con 25.

Es el único tenista en toda la Era Abierta que ha logrado diez o más títulos en dos torneos sobre dos superficies diferentes: Basilea (pista dura) y Halle (hierba). Además, es el segundo tenista por cantidad de victorias en toda la historia, con 1251, y cuenta actualmente con el cuarto mejor rendimiento de la historia con un 81,97% de victorias.

Es un jugador versátil en todo tipo de pistas y superficies. La percepción del juego que tiene, unida a su facilidad y elegancia lo ha hecho un jugador muy popular entre todos los fanes del tenis. Originalmente carente de autocontrol cuando era júnior, transformó su actitud en la cancha para acabar convirtiéndose en un jugador muy querido por su plasticidad técnica y amabilidad en general. Entre sus premios más importantes destacan el premio Stefan Edberg a la Deportividad, que logró en 13 ocasiones. También ha ganado el Premio Laureus al Mejor Deportista Masculino Internacional del Año cinco veces, siendo el deportista que más veces lo ha logrado. También gracias a su éxito, estableció una fundación, que ayuda a los niños necesitados del sur de África y que recaudó fondos para el Match for Africa, una serie de partidos de exhibición benéficos anuales. Es habitualmente uno de los diez deportistas mejor pagados del mundo, además de ocupar el primer lugar en 2020 como deportista con 100 millones de dólares de ingresos, sobra decir que todo gracias a dedicarse a su pasión.

La Roca

Conocido como La Roca, es un actor y luchador profesional estadounidense.

Se desempeñó como luchador profesional para la WWE hasta su retirada oficial en 2019, con el objetivo de centrarse en su carrera artística. Ha participado en una gran diversidad de películas siendo premiado en bastantes de ellas, siendo su papel en una de las franquicias de películas de coches en uno de los más reconocidos.

. . .

Entre sus logros como luchador se destacan diez Campeonatos Mundiales: ocho como Campeón de la WWE y dos como Campeón de la WCW. También fue dos veces Campeón Intercontinental de la WWE y cinco veces Campeón Mundial en Parejas. También fue el ganador del Royal Rumble 2000 todo esto lo vuelve Campeón de las Tres Coronas.

El primer papel protagonista de Johnson en una película fue en 2002. Por esto, le pagaron $ 5.5 millones, un récord mundial para un actor en su primer papel protagónico. Organizó y produjo, una serie de reality shows y desde entonces ha seguido produciendo programas de televisión y películas a través de su productora Seven Bucks Productions. En 2013, la revista Forbes lo nombró el N° 25 entre las 100 celebridades más poderosas y ha estado entre los mejores veinte desde entonces. Fue el actor mejor pagado del mundo en el 2016. La revista Times lo nombró una de las 100 personas más influyentes del mundo en 2016. En 2001, La revista Muscle & Fitness lo nombró el "Hombre del siglo".

Su infancia no fue para nada fácil.

El pequeño vivió parte de su niñez en los suburbios de Auckland, Nueva Zelanda, y luego en los suburbios de New Haven, Estados Unidos; pero su vida la desarrolló en la ciudad de Bethlehem, ubicada en el estado estadounidense de Pensilvania. Cuando tenía 14 años de edad, su familia decidió mudarse a Honolulu, Hawái. Allí solo pudieron conseguir arriendo en un pequeño un estudio de un solo dormitorio que con dificultad lograban pagar, aunque no tardaron en empezar a colgarse en los pagos debido a que la situación económica de la familia se complicó como consecuencia de malas inversiones hechas por su padre, quien además solía ausentarse constantemente para participar en giras de lucha libre.

En una ocasión, al llegar a casa encontraron en la puerta un aviso de desalojo, por lo que su madre rompió en llanto inconsolablemente. En ese momento, juró que trabajaría tan duro como pudiera para asegurarse de que nunca más los desalojaran de algún lugar. Su madre habló con el propietario, quien fue misericordioso y les dio 4 semanas más de plazo para pagar el alquiler. Al final no lograron juntar lo necesario para realizar el pago y se vieron obligados a irse del lugar.

Las deudas, los problemas familiares y el ser desalojados, llevaron a su madre a sumergirse en una profunda desesperación que le quitó por completo las ganas de vivir. Con apenas 15 años de edad, tuvo que presenciar cómo su madre intentaba suicidarse.

Como podemos ver su vida fue bastante difícil y eso fue algo que definitivamente lo obligó a ponerse a trabajar y ganar dinero a como diera lugar, a pesar de eso encontró una de sus pasiones que fue la lucha y la segunda que fue la actuación, a la cual le sigue dando todo su talento y todo lo que tiene, aparte de que es algo que en verdad le gusta, por eso es tan fácil que sea tan bueno en lo que hace.

Mexicana en el espacio

La futura astronauta nació en Guadalajara, se mudó a Estados Unidos a los 7 años y estuvo separada de su familia durante cinco años durante el proceso de inmigración. Se graduó de la UCLA con una licenciatura en ingeniería eléctrica y está completando su maestría en ciencias en ingeniería eléctrica e informática en la Universidad Johns Hopkins.

Trabajó como ingeniera eléctrica en cinco misiones de la NASA, incluida la Perseverance Rover y Europa Clipper. Actualmente también es coanfitriona de una serie en internet.

Además, es reconocida como creadora en redes sociales, tanto en inglés como en español, donde difunde contenidos para empoderar a las mujeres en el área STEM (ciencia, tecnología, ingeniería y matemáticas). Fue seleccionada por Space for Humanity entre más de 7,000 solicitantes de más de 100 países para convertirse en la primera embajadora y "ciudadana astronauta" de la organización y, así, volar en la nave New Shepard de Blue Origin.

Para una entrevista esto fue lo que dijo:

Me siento honrada de representar no solo a Space for Humanity en esta misión, sino también a todas las niñas y mujeres que sueñan con lograr algo más grande, aquellas que tal vez solo necesitan un empujón adicional o un ejemplo de alguien que se ve o suena como ellos para ayudar a animarlos a dar el siguiente paso hacia su sueño. ¡No puedo esperar para compartir más sobre mi aventura con el mundo!

Aquí tenemos otro gran ejemplo de que cuando haces lo que te gusta, somos capaces de entregar todo, incluso de dejar a nuestra familia contar de poder lograr lo que soñamos, así es como se siente seguir tu pasión.

De ingeniero aeronáutico a músico

Ahora hablaremos de un mexicano él cual es un ingeniero aeronáutico, compositor y cantante mexicano de electrocumbia y trance. Apodado El rey de la electrocumbia, comenzó su carrera musical a principios de la década de 2010, cuando se unió a un proyecto de trance llamado Light

& Wave con otros dos músicos. Su canción Feeling the city apareció en el programa de radio de Armin van Buuren, A State of Trance. En 2013, fue invitado a trabajar en una pasantía educativa de la NASA, donde ayudó a desarrollar un satélite.

En 2015, ganó popularidad gracias a la canción Oye mujer. Entonces firmó con Universal Music Latin Entertainment y en el 2018 lanzó su álbum debut Oye mujer. Ese mismo año fue relanzado como sencillo y también fue remezclado y lanzado a dúo con un cantante colombiano.

 El sencillo encabezó la lista de canciones tropicales del Billboard. Además, alcanzó el puesto 6 en la lista Bubbling Under Hot 100, y ha sido certificado 14 veces multi-platino por la Recording Industry Association of America (**RIAA**) y diamante + doble platino por la Asociación Mexicana de Productores de Fonogramas y Videogramas (**AMPROFON**).

Cuenta con dos álbumes de estudio Oye mujer (2018) y Te voy a conquistar (2022).16 Además de un EP Fake Lover (2019). Es reconocido por sencillos como Ángel malvado, Perdóname, Primer beso, ¿Dónde estarás?, Te fuiste, Tú eres la razón, Dime amor y en colaboraciones con La Chica Dorada en Tu y yo. Ha sido ganador de diferentes premios como el Latin AMAs por canción favorita regional en 2018 y álbum favorito del regional mexicano por Oye mujer, así como el Billboard de la música latina por canción del año regional en 2019.

. . .

Antes de todo esto en 2013 consiguió una pasantía en la NASA donde ayudo a desarrollar un satélite, estando ahí escribió su canción Oye Mujer y después de eso con un teléfono celular grabo su video musical. Con esto nos queda claro que estando en otro lugar no podía dejar de pensar en su verdadera pasión, la cual es la música. Algo que es bueno que haya seguido porque es lo que verdaderamente lo hace feliz.

El Escorpión Dorado

Él es dueño de uno de los personajes más irreverentes y populares en México gracias a su canal en internet conocido como El Escorpión Dorado.

Aparte de ser "El Escorpión Dorado", también tiene varios canales de videos, en donde a habla de cine, televisión y en donde también hace entrevistas a actores famosos de Hollywood e incluso a varios actores de doblaje.

Pero antes de tener a este personaje y todos sus demás canales primero trabajó en la televisión. Lo primero que pudo hacer al acabar su carrera la cual fue comunicación fue irse directo a la televisión porque en esos tiempos solo eran los medios tradicionales, por lo que trabajo para dos de las televisoras más importantes en México.

. . .

Después de un tiempo de su trabajo en la televisión decidió empezar a hacer su canal en internet, los cuales ha tenido mucho éxito, hoy en día el canal con su personaje más famoso cuenta con 9 millones de seguidores. Aparte de eso también está trabajando como actor de doblaje algo que también le apasiona. Y lo dijo alguna vez, empezó en la televisión porque era el medio que tenía en ese momento, pero ahora cree que a través del internet puede compartir mejor lo que sabe y las opiniones que tiene que es lo que en realidad le gusta de su profesión, llevar a la gente la información que desea de manera divertida.

Una reina del tenis

Ahora hablaremos de una jugadora de tenis profesional que ha ganado 23 títulos individuales en torneos Grand Slam (récord de la "Era Abierta") y ha ostentado la primera posición en el ranking WTA durante 319 semanas.

Está considerada como una de las mejores jugadoras de la historia, gracias a su gran fuerza física, mental y a sus poderosos golpes. Ha ganado un total de 39 títulos de Grand Slam: 23 de ellos individuales (récord en la era abierta, tanto entre mujeres como entre hombres), 14 en dobles femeninos (todos junto a su hermana) y 2 en dobles mixtos.

También ganó 23 títulos WTA Tier 1 y alcanzó 32 finales, y además obtuvo cinco WTA Finals. La estadounidense finalizó primera en las temporadas 2002, 2009, 2013, 2014 y 2015, segunda en 2008 y 2016 y tercera en 2003 y 2012.

Por otra parte, logró cuatro medallas de oro en los Juegos Olímpicos, una Copa Federación y dos Copa Hopman.

Además, es la única tenista en haber completado el Golden Slam de carrera en las dos modalidades (individuales y dobles).

Desde temprana edad se convirtió en una de las mejores jugadoras jóvenes de California y, junto a su hermana, compartió la cabeza de serie como las mejores jugadoras jóvenes de California por largos períodos.

En la mañana del 14 de septiembre del año 2003, su hermana mayor fue asesinada cuando estaba junto a un amigo pasando por el área de Compton, un suburbio de Los Ángeles en el cual crecieron las hermanas.

La victoria en el Abierto de Australia de 2007 la dedicaría a la memoria de su hermana, con lágrimas en los ojos y notablemente emocionada, Serena agradeció a Dios, a su hermana, a su madre y a todos cuantos creyeron en ella.

. . .

Se convirtió en profesional en septiembre de 1995, a la edad de 14 años. Debido a su edad no le fue permitido jugar en torneos patrocinados por la WTA y al principio debió participar solo en eventos que no fueran de dicha organización. Su primera participación profesional fue el Bell Challenge en Quebec, en el que fue vencida en menos de 1 hora de juego, por supuesto ella no abandonó y luego comenzó a ganar partidos. Siguió jugando, pero no tuvo mucho éxito hasta 1997, cuando saltó del n.º 453 del ranking mundial al n.º 304.

Hizo estudios de Arte en el Instituto de Florida, lo que la llevó a otro de sus negocios. Modela ropa para su propia marca, llamada Aneres, cuyos modelos hemos podido ver a lo largo de los años en los distintos torneos, ya que ella misma diseña la ropa con la que disputa los partidos. Otra historia de alguien que ha sabido seguir su pasión y la sabe explotar a su máximo esplendor.

Vivir de viajes

Blogger de Internet e influencer. Nació en Puebla, México. Es conocido en redes por sus blogs sobre viajes y contenido cómico.

Estudio Ciencias de la Comunicación en la Benemérita Universidad Autónoma de Puebla (BUAP). En 2007, inicio su aventura en internet abriendo el canal Piano para Gente Cool, al cual seguiría en 2012. Para ese entonces el videoblogger ya había ganado reconocimiento como parte de un popular grupo de creadores de contenido.

Interesado por las redes y la comunicación incursionó como creador de contenido en internet en 2007. Abriendo entonces el canal de covers y tutoriales para piano conocido como Piano Para Gente Cool, el cual posteriormente pasaría a llamarse LouieArtie. En este canal subió vídeo tutoriales de como tocar diferentes canciones.

Sin embargo, Piano para Gente Cool no tendrá mucha repercusión hasta 2012, año en el que decide crear una brecha de su canal, en el que se dedica a abordar diversas temáticas con un poco de humor. El canal no tiene una estructura fija o un formato base, por lo que en él pueden encontrarse tanto blogs sobre el cotidiano, como vídeos sobre viajes y turismo. Además de algunos retos y secciones especiales enfocadas en el sector comercial como Comida barata vs. Cara, Primera clase vs. Turista, Ropa Barata vs. Cara y Visitando un supermercado; esta sección es la más popular de su canal y la realiza cada vez que visita un nuevo país.

Con el paso de los años el canal fue creciendo y llamando la atención no solo del público mexicano sino también de toda Latinoamérica.

. . .

Gracias a esto él se convirtió en una de las nuevas personalidades de Internet, aumentando tanto su número de suscriptores como el número de seguidores en las redes sociales, plataformas en la que es bastante conocido por su humor y conocimiento sobre viajes.

El reconocimiento que ha ganado en los últimos años le llevaría a obtener el Premio Storyteller en los Elliot Awards de 2016 y el Premio a la Personalidad Digital 2018 de la revista GQ México. Asimismo, seria invitado a participar en campañas del buscador de internet más conocido como el mapeado del Museo Papalote del Niño.

Actualmente su canal es una de los más grandes de México, posee el mayor número de seguidores contando con más de 30 millones y es un lugar que ha estado ocupando desde hace 2 años.

Una vez más es un ejemplo de que, aunque vayas a la universidad, tengas una carrera y creas que es de lo que vas a vivir, hay veces que simplemente lo que en realidad quieres esta por otro lado. Tan es así que por ejemplo este influencer tuvo que cambiar de ciudad de residencia y tuvo que dejar a su familia algo que, aunque fue difícil al principio, pero gracias a eso ha llegado al lugar en donde esta y definitivamente es una de las personas más conocidas en México.

Una mamá ejecutiva

Ahora hablaremos de una de las personas más conocidas en Estados Unidos y en muchas partes del mundo. es una personalidad de televisión y empresaria estadounidense. Tuvo un primer matrimonio, con quien tuvo cuatro hijos, y se divorciaron en 1990. De 1992 a 2014 estuvo casada con otra celebridad la cual ahora es parte de la comunidad transexual, con quien tuvo dos hijas. Desde 2007 hasta 2021 produjo y tuvo un rol protagónico en el reality show de su familia, en el cual se la pasaban mostrando su vida, incluyendo como vivían, los problemas que tenían, entre otras cosas. También tuvo su propio programa de entrevistas, el cual tenía su nombre.

Aunque sus hijos son los que han sobresalido durante todos los años en el espectáculo, ella ha sido "el trampolín" para que cada uno de ellos consiga el éxito. De no ser por ella sus hijos no estarían donde están ahora, de hecho, en muchos de los medios es conocida como "momanager", ya que es la encargada de todas la cosas que hacen sus hijos, no por nada dicen que es excelente para los negocios.

. . .

Sus pasos como manager se vieron desde su primer matrimonio, cuando se casó con el famoso ex decatleta, se convirtió no solo en su esposa sino también en su mánager. Pronto, ella estaba negociando sus acuerdos de patrocinio y promocionando su carrera como piloto de carreras, además de dirigir la franquicia familiar. Cabe destacar que desde su reality show familiar, sus hijos empezaron a tener otros realities por separado, haciéndolos así cada vez más famosos.

Ella en muchas de sus entrevistas y en su propio reality show ha dicho que al principio de su vida lo más importante para ella era crear una familia y casarse, pero con el paso del tiempo se dio cuenta que su pasión estaba en hacer negocios, hacer dinero y con el tiempo vaya que lo ha logrado y no solo para ella sino también para sus hijos. Hoy a sus 65 años es una figura emblemática de los Estados Unidos, sigue haciendo lo que más le gusta que es representar a sus hijos y aparte ayuda a todos ellos en sus negocios, entre los que se incluyen de ropa, maquillaje, fajas y otras cosas.

Viviendo de la comedia

Ahora hablaremos de otro mexicano, el cual es comediante y actor, definitivamente el más conocido de todo México y ahora el cual está logrando hacerse de un nombre y de fama en Estados Unidos, incluso ya cuenta con una estrella en el Paseo de la Fama en Hollywood. Pero su historia se basará en como también podemos seguir nuestra pasión estudiando para eso.

Estudió Dirección de Cine en el Instituto Mexicano de Cinematografía, y cursó la carrera de Actuación en el Centro de Educación Artística de Televisa. Además, se capacitó en danza, música y canto y habla fluidamente los idiomas español e inglés.

Comenzó a actuar a la edad de 12 años y desde entonces se ha convertido en una de las figuras más influyentes en la televisión mexicana y de habla hispana de los Estados Unidos, creando infinidad de personajes y programas, principalmente cómicos.

Es por esto que Derbez es considerado una figura cumbre del humor y el talento mexicano.

También su carrera incluye el ser actor de doblaje, su personaje más importante fue el de un burro en una serie de películas animadas que incluyen la historia de un ogro con una princesa. Su personaje es de los más queridos debido a la interpretación que le dio aparte de agregar muchos chistes al estilo mexicano.

. . .

Lo que queremos que veas al contarte esta historia es que hay veces que ya sabemos lo que amamos desde que nacemos y como él y muchas historias que te conté más arriba hay gente que se prepara y estudia para poder desempeñar lo que les gusta de la mejor manera posible, no por nada ha llegado hasta donde esta y vaya que le ha costado trabajo.

Claro que las historias que te acabo de contar han sido de gente que seguro conoces e identificas, pero lo que quiero es que te des cuenta que puedes lograr lo que quieras, no importa la edad que tengas, lo que te propongas lo puedes conseguir, así que te aconsejo que busques que es lo que te apasiona y empieces a hacer un plan para poder vivir de eso, créeme vas a cambiar por completo tu vida si empiezas a hacer lo que amas.

Recuerda que ningún camino es fácil, pero debes disfrutar todo el proceso y amaras cuando llegues a la meta, nunca lo olvides.

15

Vive Con Pasión, No Solo De Tu Pasión

Hay quienes hacen las cosas y quienes las hacen con pasión.

En contra de lo que se cree, es fácil aprender a apasionarse por la vida y por las cosas que debemos hacer. Solo hay que fijarse en lo que comentaremos a continuación.

La pasión es una de las emociones más intensas que podemos sentir en nuestras vidas, ella constituye el alma de nuestro propio éxito. La pasión podemos sentirla cuando nos dedicamos a lo que realmente amamos y consideramos más importante. ¿Te atreves a vivir con pasión tu vida?

Para saber si estamos viviendo con pasión es bueno fijarnos en si ponemos excesivo esfuerzo en lo que hacemos o no, si ponemos atención en lo que hacemos de forma inconsciente o si sentimos el paso del tiempo cuando llevamos a cabo lo que creemos que nos gusta.

Hoy hablaremos sobre la pasión y como potenciar su vivencia y desarrollo. Son pocas las personas que la han llegado a sentir en su interior y se han lanzado a descubrir que es en realidad lo que les hace vivir y brillar. Como ocurre con la creatividad, para empezar, comenzaremos desmitificando la idea de que no todos estamos capacitados para sentirla. Todos somos merecedores de vivir apasionados, cada uno de nosotros, por muy diferentes que seamos.

Vivir con pasión nos acerca al éxito

Una vida sin pasión no nos permite alcanzar y compartir el auténtico potencial interior con el que venimos a este mundo.

Cuando sientes la pasión por lo que vives decides buscar, tu corazón te pide luchar y lo más grandioso: ser capaz de arriesgar y dar lo mejor de ti a los que te rodean y amas.

Aprendes también que las pasiones de cada persona son únicas y posiblemente irrepetibles. Cada una de ellas la eliges tú mismo, cómo sentirlas y cómo materializarlas. Tú eres el que da origen a tus propios sentimientos y tienes el increíble poder sobre ellos. Decides cómo quieres vivir y sentir la vida, al fin y al cabo, esta solo depende de ti.

. . .

Un breve ejercicio experiencial

Si eres de las personas que desean sentir pasión por lo que hacen, sueñan o viven en su día a día, recomendamos este precioso ejercicio que consta de 5 sencillos pasos:

- Escribe una lista de tus 15 pasiones: lo que más te guste, sea más especial para ti o forme parte de la base de tu felicidad.
- Ahora escoge las 3 que más te gusten.
- Escribe 4 o 5 sensaciones que describan lo que ocurrirá cuando estés viviendo cada una de las 3 pasiones.
- Escribe los pensamientos negativos que te impiden hacer realidad y vivir estas pasiones.
- Piensa cómo podrías hacer de tus hobbies una forma de vida que te facilite recursos o ingresos, teniendo en cuenta que pasión y éxito son dos ingredientes inseparables.

Un consejo para vivir con pasión es juntarse y vivir la vida con personas apasionadas por lo que hacen y sienten. Cuando estamos junto a ellas gozamos de una existencia mucho más intensa y, por suerte, la pasión se contagia.

Es fácil saber cuándo una persona es apasionada: estas hablan de sus pasiones llenándose de luz y amor por compartir con los demás.

• • •

Pero, ¿qué es vivir una vida con pasión?

La respuesta a la pregunta de ¿qué es vivir una vida con pasión?

Consiste en vivir cada momento de la vida, disfrutándolo con la intensidad con la que vivirías tu ultimo día. Esto no saborear cada día significa que debas hacer nada fuera de lo habitual. Si no, todo, siendo consciente de lo que sientes y agradecido por lo que tienes.

Una vida con pasión es vivir empleando todos los sentidos, ser conscientes de nuestra propia realidad y alcanzar una plenitud interior que nos permita desarrollar toda nuestra "magia" personal. Para ello, la inteligencia emocional será nuestro mejor aliado, permitiéndonos romper las barreras creadas por nuestros miedos y nuestras creencias limitantes, adquiriendo una infinidad de herramientas complementarias para su logro y consecución. Conseguir vivir con pasión es un sueño alcanzable para todos nosotros.

En resumen, te animamos a atreverte a sentir la libertad, romper las barreras, emprender, empezar cada día como uno nuevo, probar, disfrutar, vivir el aquí y ahora. Aprendamos a hacer posibles las cosas, crecer constantemente y, lo mejor de todo, amar y compartir ese amor por la vida y nosotros mismos. ¿Te atreves a vivir con pasión?

. . .

Otra cosa que creemos que es importante para empezar a vivir con pasión y de tu pasión es saber vivir el presente, como te lo dije en un capítulo anterior hay que disfrutar de todo el proceso que sigas para poder conseguir monetizar tu pasión, porque como ya leímos no es algo que sea fácil, ni algo que se dé, de la noche a la mañana, requerirá mucho tiempo y esfuerzo, es por eso que quiero darte algunos consejos para vivir el presente.

Hoy en día, disfrutar y vivir el presente es un fenómeno en extinción. Es por ello que, a continuación, te dejamos algunos consejos para empezar a valorarlo.

¿Alguna vez has pensado cuántos días realmente disfrutas de principio a fin? ¿Te gustaría que todos los días fueran como el de Navidad? ¿Quisieras poder "suprimir" ese mal día y que la felicidad nunca falte en tu vida? Frecuentemente, la felicidad está frente a nosotros. Por tanto, en este artículo te enseñaremos cómo descubrirla en tu día a día y cómo vivir el presente.

Muchas veces, nuestros días se vuelven rutinarios. Nos despertamos, duchamos, desayunamos, vamos al trabajo, volvemos, cenamos y dormimos. Por consiguiente, es muy común terminar el día con una sensación de vacío. No disponemos de tiempo para pensar, y en el momento de dormir, nos abordan todo tipo de pensamientos. Ocasionalmente, podemos sentirnos disconformes con nuestra vida.

. . .

Si piensas que este es solo un día más en tu vida, te equivocas. No es solo otro día, es el único día que se te ha otorgado, el hoy. La vida te lo ha permitido, es un regalo, es todo lo que tienes aquí y ahora. Y la única respuesta apropiada a ese regalo es disfrutarlo, agradecerlo. En una palabra, vivir el presente.

Nuestra mente gasta alrededor del 70% de su tiempo reproduciendo memorias y creando escenarios de "momentos perfectos". Solo en un 30% de nuestro tiempo estamos realmente viviendo el presente.

Lo malo no es que invirtamos tan poco tiempo, sino que mucha gente nunca logra vivir en el ahora.

Vivir el presente sin condiciones

Siempre se ha dicho: "seré feliz cuando consiga jubilarme del trabajo", "cuando logre llegar a la meta seré feliz" o "cuando tenga un día para descansar podré ser feliz". Muchas personas ponen condiciones a su felicidad. Esto es un gran error.

Nunca debemos pensar en la felicidad como una meta, cuando puede perfectamente estar en todo el camino. La felicidad como meta dura solo un momento o unos pocos minutos. Pero la felicidad en el camino durará toda tu vida.

· · ·

El secreto de la felicidad consiste en abrir los ojos a todas esas cosas que suceden en nuestro presente, en el ahora ¿Crees que nunca pasa nada bueno o interesante? No es que nunca pase nada, es que no hay momentos iguales.

Observa bien y te darás cuenta que todos los días son únicos, nuevos y especiales. Nada en esta vida se repite, de tal suerte que sin importar tu pasado o cuan incierto es el futuro, no debería importarte porque no existe, de lo único que estamos seguros es de nuestro ahora.

No existe ni el pasado ni el futuro, solo el presente

Este momento es lo único que tenemos seguro. Aprende a poner atención plena a todo lo que hagas en este momento. Disfrútalo, vive tu día consiente, despierto y atento. Dedícate a cultivar esa reacción al gran regalo que es este día único y aprende a vivirlo como si fuera el primero y el último de tu vida. Te proponemos algunas actividades para comenzar a vivir el presente. No dudes en ponerlas en práctica.

Empieza abriendo tus ojos para vivir el presente

Maravíllate de todo lo que puedes ver, de todos esos hermosos colores que están ahí solo para que los aprecies.

Observa el cielo y admira cómo cambia momento a momento. Generalmente pensamos en el clima como "malo" o "bueno". No obstante, incluso hoy tenemos un clima único que nunca volverá a estar de esa forma. La formación de las nubes nunca volverá a estar como ahora. Maravíllate con el paisaje, la flora y la fauna que te rodea. Es un momento único.

Ve a un parque o a algún otro lugar al aire libre que te guste

Te recomendamos apagar el móvil un instante. Siéntate cómodamente y nota cómo es el aire ¿frío, caliente o templado? Pon atención a todos los olores que percibes.

Escucha todos los sonidos que llamen tu atención. Observa todo lo que te rodea y piensa cómo es y cómo te sientes.

Date un baño y pon atención en ello

Imagina que acabas de llegar al mundo y es la primera vez que tomas un baño. Siente el agua en tu piel, el olor del jabón, la temperatura del agua, el ruido que hace al caer, todo. Aprovecha para relajarte, desconecta de todo menos de ti.

Mira a los ojos a las personas que conozcas

Cada una de las personas que te rodean es única. Abre tu corazón y muestra tu aprecio con una sonrisa y un saludo amable. Valora qué hay más allá del físico de esa persona; en su interior. Valora todos los momentos que has compartido con ella. Piensa en qué inquietudes tendrá, en sus valores, en sus actos, sus pensamientos y temores. Una persona es un universo único. Valóralo como se merece.

Sé agradecido

La gratitud es pieza fundamental para evitar las preocupaciones y enfocarnos en el presente. Pues, con esta actitud, realmente valoramos lo que tenemos y nos sentimos satisfechos con ello, por más pequeño que sea.

Así que, en lugar de pasarte la vida angustiándote por lo que te falta, empieza agradeciendo por lo que ya tienes: salud, un espacio al que llamas hogar, amigos y familiares que te aprecian, un trabajo estable, etc. Una vez que empieces a darte cuenta de todas aquellas por las cuales sentirte agradecido, valorarás mucho más el momento presente.

Deja atrás la necesidad de control

Controlar todo lo que sucede en nuestras vidas es un imposible y eso está bien. De hecho, una de las cosas más bellas de la vida es su capacidad para sorprendernos cada día. Así que deja de lado la pretensión de que todo lo puedes controlar y haz las paces con la incertidumbre.

¿Las cosas no salieron como esperabas? Acepta lo sucedido, vive la experiencia y aprende de los errores. Sin embargo, eso no significa que adoptes una actitud pasiva y sumisa ante la vida. Al contrario, lo ideal es que empieces a identificar aquellas cosas que están bajo tu control y qué no. Te damos una pista: no podemos controlar las sucesos externos, solo cómo reaccionamos ante ellos.

Vivir el presente y trabajar la actitud

Es completamente normal que tengas algún pensamiento que no tenga nada que ver con vivir el presente. No te preocupes, solo piensa en ello y vuelve a fijar tu atención en tu respiración, en lo que te rodea y en cómo estás. Mantén tu actitud positiva, disfrútala y, lo más importante, sonríe.

Recuerda, en algún lugar del mundo alguien está luchando por conseguir lo que tú tienes. Agradece disfrutando de esa enorme cantidad de regalos que te ha dado la vida hoy.

Abre tu corazón a todas esas bendiciones y deja que la felicidad fluya en tu vida, simplemente porque puedes ver, sonreír, tocar, simplemente porque estás vivo y entonces, realmente será el mejor día de tu vida.

Por último, si lo que te esta impidiendo que empieces a buscar vivir de tu pasión es que estas en un periodo de una mala racha, donde sientes que todo te esta saliendo mal, por aquí te dejare algunos consejos para salir de esta racha que no te esta ayudando en nada a llegar a tu objetivo.

Para salir de las malas rachas lo más importante es examinar la situación y reajustar las expectativas hacia el futuro inmediato. Es necesario renunciar a la idea de que debemos volver a estar tan bien como antes a corto plazo.

Lo que llamamos "malas rachas" suele comenzar con una pérdida o un problema particularmente difícil de resolver.

Después, a raíz de ese suceso, o de forma paralela, confluyen otras situaciones problemáticas y es entonces cuando comenzamos a sentir que estamos en una etapa en la que "todo nos sale mal".

Podríamos decir que, en general, definimos las malas rachas como aquellos momentos en los cuales coinciden varios factores o vivencias negativas al mismo tiempo.

• • •

Lo usual es que las causas de esto se le endilguen a un factor de "mala fortuna" o "mala suerte". También es habitual que se busque un culpable o que se pretenda interpretar todo como un castigo o como el efecto de la "mala energía" de algo o alguien.

Para que hablemos de malas rachas, la situación ha de permanecer así por un lapso relativamente largo. Esto, por supuesto, mina nuestra vitalidad y muchas veces nos sumerge en un estado de pesimismo que nos hace ver como si el mundo se hubiese vuelto gris. También nos inunda de temores y hace que revivan inseguridades que dábamos por superadas. ¿Se puede salir de ese foso oscuro? Claro que sí. Y estas son algunas claves para lograrlo.

Para salir de las malas rachas, identifica el problema central

Aunque las malas rachas se caractericen porque todo parece ir mal, lo cierto es que siempre hay un factor o un foco central.

Lo más habitual es que coincida con el elemento que le dio origen a esos malos tiempos. Esto usualmente tiene que ver con la pérdida de un trabajo, la muerte de alguien amado, una ruptura amorosa, un accidente o enfermedad, o algún evento que propició una fuerte herida al amor propio.

. . .

Para salir de las malas rachas es importante identificar cuál es ese elemento que tiene mayor peso que los demás.

Por lo general, ese factor es precisamente el más difícil de resolver. Sin embargo, precisarlo nos ayuda a organizar las ideas y a diseñar posibles soluciones o, en todo caso, a enmarcar los hechos.

Examina tu contexto mental

Es muy importante que examines todo el contexto mental que rodea a ese problema central. Dicho contexto se refiere a las ideas que están asociadas a esa dificultad. Si te dieron calabazas, es posible que vincules ese hecho con ideas como "fue mi culpa", o "nunca volveré a ser tan feliz" y otras por el estilo. Si el problema central es el desempleo, puede ser que construyas una red de pensamiento en la que aparecen ideas imprecisas que te hacen sentir incapaz, incompetente o poco valioso.

Lo usual es que ese contexto mental se torne seriamente pesimista durante las malas rachas. Además, para salir de allí no basta con que te des tres palmaditas en la espalda y sacudas la cabeza para que se vayan esas ideas. Lo importante es que te hagas consciente de que ahí están esas afirmaciones negativas y que, si quieres salir de esta etapa negativa, debes transformar esas ideas. No por las opuestas, sino por otras más realistas.

Actúa, no te quedes quieto

Uno de los efectos de las malas rachas es el de conducirnos paulatinamente a cierta parálisis.

Inicialmente reaccionamos con dinamismo frente a las dificultades, pero con el paso del tiempo se va apoderando de nosotros la inacción. Es posible incluso que lleguemos a ubicarnos en una posición en la que simplemente esperamos que "algo pase" para sacarnos de allí.

Si nos dejamos invadir por esa pasividad pesimista, cada vez será más difícil superar la situación. Se apoderará de nosotros una inercia pesimista, que casi siempre nos conduce a más problemas y a más errores. Aunque no tengamos la sartén por el mango, debemos actuar. Reajustar nuestras expectativas y nuestros planes y echar a andar. Muchos tienen la fantasía de que resolver el problema es volver al estado anterior y no es así.

Si perdimos un gran trabajo, no esperemos a conseguir un nuevo trabajo tan maravilloso como el anterior para movernos. Si perdimos un gran amor, no imaginemos que debe llegar otro gran amor a reemplazarlo. Nada será como antes y lo más probable es que tengamos que comenzar de nuevo, en unas condiciones muy diferentes. La idea de restituir el estado anterior nos quita fuerzas y es inútil. De las malas rachas se sale con humildad y con actitud, no tiene más misterio.

Anímate a pedir ayuda

Finalmente, muchas malas rachas aparecen porque no hemos sabido cómo pedir ayuda a tiempo. Pedir ayuda no es sinónimo de debilidad o cobardía, por el contrario, es una gran muestra de autoconocimiento y de confianza en nuestros seres queridos.

Del mismo modo, puede llegar a ser útil pedir ayuda profesional. Un buen acompañamiento psicológico puede ayudarnos a rastrear la raíz de nuestra mala racha y a generar estrategias efectivas para hacerle frente al estrés y los pensamientos negativos que posiblemente han ido apareciendo durante los malos tiempos.

Pedir ayuda a otros nos permitirá conectar con los demás y entender que, aunque todos pasamos por malos momentos, siempre habrá una mano amiga dispuesta a auxiliarnos.

Conclusión

Te he dado una herramienta que puedes usar con éxito para comenzar a vivir la vida en tus propios términos haciendo y disfrutando de las cosas que amas hacer.

Las ideas de este libro son geniales y pueden cambiar tu vida para siempre, pero eso solo puede suceder cuando se ponen en práctica las ideas.

La acción es el rey.

El secreto para tener éxito es la información: implementación de una visión.

Lo que entiendes y actúas hace toda la diferencia, nos estamos ahogando en un mundo lleno de información, pero carecemos de conocimientos y, especialmente, de acción.

Algunas de las ideas que he compartido en este libro pueden ser ideas novedosas, algunas pueden ser algo que hayas escuchado antes, algunas pueden ser algo que sabías intuitivamente, ¡pero lo más importante aquí es que todas estas ideas tienen el potencial de cambiar tu vida y tus finanzas para siempre!

Pero eso es lo que es potencial, para que veas la realidad de este cambio tienes que actuar sobre estas ideas. Desafortunadamente, el 80% de las personas que tienen información como la contenida en este libro no hacen nada al respecto. ¿Vas a estar entre el 80% del 20%? Tú y solo tú eres el único que puede responder a esa pregunta.

¡Espero que hagas lo correcto y tomes acción!

www.ingramcontent.com/pod-product-compliance
Lightning Source LLC
LaVergne TN
LVHW021718060526
838200LV00050B/2732